JN112127

大学入試

小論文の完全ネタ本 改訂版

〔医歯薬系/看護・医療系〕編

神﨑史彦 著

文英堂

著者からのメッセージ

私は大学や予備校で小論文の講座を受け持つかたわら，全国の高校で小論文に関する講演を行っており，これまでに延べ5万人以上の学生に小論文の大切さを伝えてきました。その時，講演の最後に必ず伝えていることがあります。それは，次の2点に注意して訓練を続ければ，小論文を書く力は必ずや身に付くということです。

説得力のある小論文を書くためには，

① 書くための技術を身に付ける必要がある。

② 小論文入試に出そうな事実・知識・情報（いわゆるネタ）を蓄える必要がある。

このうち，②のネタ集めの手助けをするのが本書です。本書では効率的にネタ集めができるように，大学入試に頻出のテーマを厳選し，それに関連したキーワードも併せてわかりやすく解説しました。その時，そのテーマに関して押さえておくべきポイントを簡潔にまとめることで，詳細過ぎたり，マニアックな解説にならないように配慮しました。なぜなら，あるテーマに関する小論文を書く時に押さえるべきポイントはシンプルであり，以下の4点に限られているからです。

> ① 一般的な意味・定義は何か（定義の把握）
>
> ② どういう問題点があるか，もしくはなぜ必要なのか（問題点・必要性）
>
> ③ 問題，もしくは必要となる背景は何か（問題点や必要性に潜む背景）
>
> ④ 今後，問題点をどう解決すべきか，どう継続すべきか（対応策・解決策）

つまり，新聞や資料集に示されている詳細な情報や知識をすべて丸暗記する必要はなく，上の4つのポイントさえ押さえて極めれば，よい小論文を書くことができるのです。

私は，大学入試小論文を本気で学習しようと決意した受験生に対して，どうすればその意にそえるかを真剣に考えました。そうした末に書きあげたのが本書で，安易で浅はかな受験テクニックを排除し，磨けば必ず光る基本的な論述ポイントをできる限り整理して記そうと心掛けました。そのことに関して，伝えたいことがあります。

● 参考書を読むだけでは，小論文を書く力は上達しない。

● ネタを記憶するだけではなく，自分なりの意見とその理由を持て。

　与えられたテーマに対して小論文を書く時，押さえなければならないポイントはそれほど多くありません。しかし，参考書を読んでポイントや知識を暗記したからといって，その内容をそのまま答案にしても，高い評価は得られません。採点者が答案で注目しているのは，受験生がどれだけ知識を持っているかではなく，知識をもとにして自分なりにどれだけ深く考えているかという点です。ただ参考書を書き写しただけの答案には諸君が独自に考えた部分が見られず，高い評価を与えることができないのです。こう考えると，「参考書を読むだけで小論文がうまくなる」といううたい文句は幻想であり，あり得ないことがわかるでしょう。

　模範となるものを見て，考え方ややり方を理解するのは最も大切なことですが，その考え方ややり方を自分で使えるようにならなければ意味がありません。つまり，入試に対応できる小論文を書くためには，確かな知識や情報を頭に入れたうえで自分なりの意見や理由を組み立てる必要があるのです。この作業を何度も繰り返し，その成果を積み重ねることで，ようやく独自性のある文章が書けるようになるのです。失敗しても，投げ出したくなっても，負けずに最後まで頑張る人だけしか大学入試小論文の達人にはなれません。

　最後に，本書が小論文学習に必要なネタを学ぶための1冊として，また，他の参考書とともに持ち歩く1冊として役立つ存在になることを心から願っています。そして，本書を手にしてくれたあなた，私と一緒に小論文マスターになりましょう。心から応援します。

カンザキ メソッド代表

神﨑　史彦

もくじ

1 医 療

2 医系・医療系学部特有のテーマ

3 健　康

4 科学技術

5 社会保障・福祉

6 日本社会

本書の構成と使い方

本書の紙面構成は，以下のような流れである。

✎ キーワード解説

タイトルになっているキーワードの解説は，以下のようにまとめてある。

> ① **定義**…各テーマの一般的な意味・定義とは何か。
>
> ② **問題点**(もしくは**必要性**)…各テーマには，現状においてどういう問題点があるのか，もしくはなぜ必要なのか。
>
> ③ **問題点の背景**(もしくは**必要性の背景**)…どういった背景からその問題が起こるのか，もしくは求められるのか。
>
> ④ **対応策・解決策**…今後，どう問題を解決または継続すべきか。

各テーマの定義や解説を，現在(＝問題点・必要性)，過去(＝背景)，未来(＝解決策・方向性)という時間の流れを追いながら行っている。

なお，すべてのキーワードに★マーク(三ツ星が最高)の数で学部別の出題頻度を示してある。まずは，★が多いテーマから学習することをお勧めする。

✎ 関連キーワード

タイトルキーワード以外にぜひ押さえておきたい**関連用語**を厳選して示してある。これらも併せて理解しておくのが効率的な学習法だ。

✎ 答案例

キーワード解説をもとに，スタンダードなテーマ型小論文の模範回答を示してある。

より受験を意識した学習法

❶ 過去問の分析を行い，学習テーマを絞り込む

志望校の過去問を手に入れ，**どのようなテーマが出題されてきたか**を知ることが不可欠だ。そのために見るべきポイントは，次の2点である。

- **どのようなジャンルのテーマが出題されているか。**
   「医療」「学部特有のテーマ」「健康」「科学技術」「社会保障・福祉」「日本社会」のいずれにあたるのかを見分ける。
- **出題されたテーマに偏りがあるか，ないか。**

❷ 必要なテーマに重点的に取り組む

志望校で出題されているテーマのジャンルが偏っている，もしくは毎年同じようなテーマであれば，該当する章に重点的に取り組もう。一方ジャンルが広範囲に及んでいる場合は，各章において出題頻度マーク（★マーク）の多いキーワードから重点的に取り組もう。

❸ 頭の中で小論文の筋道を描きながら記憶する

本書の解説では，「このテーマはこういう定義であり（**事実**），こういう問題点もしくは必要性が生じる（**意見**）。それにはこうした背景（**理由**）がある。ゆえに，今後はこのようにすべきだ（**意見の再提示**）。」という流れで示してあるので，その筋道を頭で描きながら記憶してほしい。

❹ 実際に小論文を書いて，自分なりに思考を深める

頭の中に入れた知識をもとに，実際に小論文を書いてみよう。その時，テーマに関する調べ学習をさらに行ったり，具体例を盛り込んだり，本書とは違う切り口を探ったりする作業を並行して行うと，さらに**独自性のある答案**に仕上がる。本書で示されている回答例を超えるような答案を目指してほしい。目標を高く設定すればするほど，小論文の質は上がっていくものである。

1 医 療

　ここでは，医学部や歯学部・薬学部などの医療系の学部すべてに共通して出題される高頻度の10テーマを厳選し，解説する。医療従事者を目指す者として知っておいてほしいことばかりなので確実に自分のものにし，入試小論文の作成に最大限活用してほしい。

取り扱うテーマ

> 医療従事者の役割

> インフォームド・コンセント

> 患者の自己決定権

> 安楽死

> ホスピス，緩和ケア病棟

> 臓器移植

> 脳　死

> 出生前診断

> 医療過誤

> 守秘義務

医療従事者の役割

出題頻度 → 医 歯 薬 看 リハ ★ ★ ★

定義

医療従事者は，患者が満足する医療を提供する役割を担う。患者の満足を得るためには，確かな医療技術の提供だけにとどまらず，病を持つ患者特有の心理や精神状態をよく理解し，真摯に対応することが必要である。

必要性

医療は基本的に，患者の利益のため，また患者の QOL*(p.26参照)の向上のために行われるべきである。こうしたことを医療従事者が正しく認識し，実際の医療現場で実践することが患者にとって理想的だといえるからである。

*クオリティ・オブ・ライフ；生命や生活の質のこと

必要性の背景

こうした必要性が求められる背景には，パターナリズムからの脱却という時代の要請がある。かつては，患者に最善の利益を導くための権利と責任はすべて医師側にあり，医師は自己の専門的判断を行うべきで，患者はすべて医師に委ねればよいという考えが主流であった。医師と患者の間には医療に関する専門知識と立場の差が歴然とあるのだから，患者は医師の言うことを素直に聞いていればいいのだという思想である。こうした考えをパターナリズムと呼ぶ。

しかし現在では，患者主体の医療を提供すべきだという考えに変わりつつあり，それに伴って医療従事者に求められる能力も変化してきた。このように，患者の主体的な意思が中心に置かれる医療が求められるいま，単なる治療やケアだけではなく，患者の幸福と満足を追求することが医療の本質であると捉え，患者の立場に立った医療を実践することが求められているのである。

対応策・解決策

　これらのことを実践するためには，安心・安全な医療を提供すること，患者の容体や環境に合った医療技術を提供すること，さらに技術面だけでなく精神的なケアを行うことが欠かせない。また，患者自身が積極的に自らの治療に関与しようとする意思を尊重し，それを支援する役割も担っていることも念頭に置くべきである。医療従事者ならば，治療法や医師や医療機関を選択しようとする患者に対して，医療のプロの視点からアドバイスすることが可能だからである。例えば，セカンドオピニオン(p.14参照)を通して，第三者に意見を求める患者の動きもある。こうした患者を主体とした医療にも対応できる医療従事者が求められている。

👉 小論文にする時のポイント

　医療従事者が患者主体の医療を推し進めることが患者やその家族から求められている。小論文にする時には，こうした要求に応えることが医療従事者の担うべき役割であるという立場から，主張を展開したい。医療技術や知識の研鑽(けんさん)といった技術面のみならず，患者や家族への心のケアや接し方といった精神面も併せ持つことが，医療従事者には不可欠であることにも言及したい。

📝 過去の入試問題例

例 医師と患者の人間関係について述べた課題文を読み，あなたはどの様な歯科医師を目指したいと考えるか述べよ。　　　　　　　　(岡山大・歯学部)

例 障害者となった経緯とそのときの心情について述べている課題文を読み，あなたがもし医療従事者(医師あるいは看護師)の立場であったなら，この患者さんにどのように対応するか，述べよ。　　　　　　　　(福井大・医学部)

例 医師の資質について，400字以内で述べよ。　　　　　　　　(近畿大・医学部)

☑ セカンドオピニオン

患者が検査や治療を受けるにあたり，主治医以外の医師に意見を求める行為のことをいう。一人の主治医に「すべてを任せる」という従来の医師と患者の関係ではなく，複数の専門家の意見を聞いたうえで，そのなかから納得できる検査や治療法を患者自身が選択していくべきであるという考え方に沿ったものである。

☑ 医療における情報・知識・経験の非対称性

医療従事者は医療の専門家であり，医療に関する知識・情報・経験を多く有しているのに対して，患者側はほとんど持たない。だからといって，患者が勉強して医師並みの医療知識を得ることは困難である。このような医療従事者と患者との関係を情報・知識・経験の非対称性と呼ぶ。こうした非対称性のもとで何かの問題が生じた場合，患者は医療従事者に比べて立場が不利になりがちである。このような状況か

ら，非対称性を解消するためのさまざまな試みが見られる。例えば，昨今ではインターネットの普及により，患者自らが治療に関する情報を比較的簡単に入手できるようになった。また，セカンドオピニオンを積極的に引き受ける医師や病院が現れてきていることもその動きの表れであるといえよう。

☑ パターナリズム

患者に利益をもたらすためには，医療に関する判断は医療従事者が行うべきであり，患者が行うべきではないという考え方。患者はすべて医師に委ねればよい，いわば医師は患者の父親もしくは指導者であり，患者はその子どもであるというように，医師が患者を支配することを指す言葉である。「医療父権主義」「医療パターナリズム」とも呼ばれる。パターナリズムは医療の現場において常識化していたが，近年の患者の権利意識の高まりとともに否定されつつある。

答案例

問題 あなたが考える医療従事者の役割とは何か。**600字以内**

模範回答 医療は患者の利益のため，そして患者のQOL向上のために行われるべきものである。こうした患者主体の医療を進めるための技能や知識を提供することが，医療従事者が果たすべき役割だと考える。その背景にはパターナリズムからの脱却という，時代の要請がある。　　　　　　　　　　（以上，第1段落）

　以前は，専門的な知識を持つ医師が治療に関する全判断を行い，患者はすべて医師に委ねればよいという考えが主流であった。医師と患者とでは，医療に関する専門知識と経験の差が歴然とあるのだから，患者は医師の言うことを素直に聞いていればいいのだという思想である。　　　　　　　　　（以上，第2段落）

　しかし，現在では患者が自らの医療に対して積極的に関わろうという気運が高まっている。病院や医師の選択，治療への積極的関与，セカンドオピニオンの要求などがその例に挙げられよう。こうした背景から，医療従事者が果たす役割も変化しつつある。つまり，医療従事者は患者の幸福と満足を追求することが医療の本質であると捉え直さなければならないのではないか。　　　（以上，第3段落）

　今後は，単なる治療やケアだけでなく，患者を主体にした医療を提供することが必要だ。安心・安全な医療の提供はもちろんのこと，患者の容体や環境に合った治療を実践し，患者への精神的なケアも行える技術も身に付けることが大切だと考える。　　　　　　　　　　　　　　　　　　　（以上，第4段落）

解説　第1段落：意見の提示…患者主体の医療を提供することが医療従事者が果たすべき役割であると主張している。
第2段落：理由説明①…以前の医師のあり方はパターナリズム的なものであったことを指摘している。
第3段落：理由説明②…現在は患者中心の医療が求められているので，医療従事者としても患者の幸福と満足を追求する必要があることを述べている。
第4段落：意見の再提示…今後は患者を医療の主体として捉え，それに合った医療を提供することが必要だとまとめている。

インフォームド・コンセント

定義

　医療従事者から治療方針や内容の説明を十分に受けたうえで，患者がその治療行為を受けることに対して同意することをいう。具体的には，医療従事者は患者に対して，治療を行う前にその病気の内容や治療方法，治療期間，治癒の確率，手術に伴う危険性などを，平易な言葉で説明しなければならない。

必要性

　医療は患者の利益のため，また患者のQOL（クオリティ・オブ・ライフ）（p.26参照）向上のために行われるべきものである。インフォームド・コンセントの実践は，こうした患者の権利を保障することにもつながるという面でも意義がある。

必要性の背景

　従来のパターナリズムに基づいた医療から，患者主体の医療が求められているという時代背景がある。そもそもインフォームド・コンセントという概念が世に広まったのは，世界医師会のヘルシンキ宣言（p.18参照）を採択したことによるといわれている。この宣言では，医師は医学研究の際に被験予定者からのインフォームド・コンセントを受けなければならないことが明記された。

　その後，医療行為全般を対象にするべく拡大解釈をする気運が高まった。例えば，アメリカ病院協会が定めた患者の権利章典（p.18参照）では，患者がインフォームド・コンセントを与えることが患者の権利として明記された。これなどは患者側の切なる意向を汲み取る医療の本質が患者の権利の擁護にあることが明示された例として注目に値する。

対応策・解決策

　患者のための治療やケアに専念しようと試みている医療従事者であるからといって，必ずしもインフォームド・コンセントを適切に行っているとは限らない。というのは，患者一人ひとりの意向や状況を正しく把握することを怠ると，不十分な説明のもとでの医療行為に患者が同意せざるを得ないからである。

　そうならないためにも，医師は患者の理解力を見極めたうえで，できる限り易しい言葉や表現を選ぶ必要がある。そして，患者が医療行為を拒むことがないように，医師が患者に診療の目的や内容を十分に説明して，患者の納得を得て治療することが必要である。インフォームド・チョイス（p.18参照）など，治療方法や手段のメリットとデメリットを示し，患者側に意思決定を委ねるといった方法も考えられる。もちろん，医療従事者の都合で患者へ提供する情報を恣意的に選別するようなことは，決してあってはならない。

👍 **小論文にする時のポイント** ───────────────────────●

　インフォームド・コンセントはあくまでも患者側の権利であるから，医療従事者の主観によって取り扱ってはならないという立場で論じることが大切だ。患者一人一人の価値観や特徴を理解したうえで，どのように医療方針を説明していくべきかを考えたい。また，実践する時には，患者と医療従事者との間で信頼関係と協同関係（目的・目標・価値観を共有している関係）を築きあげることが欠かせない。こうした，インフォームド・コンセントを実践するための土壌作りが必要であることにはぜひ触れておきたい。

📝 **過去の入試問題例** ───────────────────────●

例　あなたは，医療において「説明と同意」を行ううえでどのようなことが重要であると考えるか，記述せよ。
　　　　　　　　　　　　　　　　　　　　　　　　　　　　（岡山大・歯学部）

例 あなたの家族の一人が癌の告知を受けたとして，インフォームド・コンセントのあり方につき，あなたの考えを述べよ。 （兵庫医科大・医学部）

🔎 関連キーワード

☑ ヘルシンキ宣言

　1964年，世界医師会第18回総会にて採択された，人体実験に対する倫理規範をいう。ナチスの人体実験の反省より生じたニュルンベルク綱領（1947年）を受けて作成された。正式には「ヒトを対象とする医学研究の倫理的原則」という。対象患者や被験者の福利の尊重，本人の自発的な自由意思による実験への参加，インフォームド・コンセント取得の必要性，倫理審査委員会の存在の必要性など，常識的な医学研究でなければならないことを原則としている。宣言の保護対象は単にヒトだけにとどまらず，ヒト由来の臓器・組織・細胞・遺伝子のほか，診療情報までも含まれている。

☑ 患者の権利章典

　1973年に，アメリカ病院協会によって制定された医師側の義務と患者側の権利を定めた規範をいう。1960年代に

パターナリズムによる医療が問題となり，消費者としての患者の権利を求める運動が盛んになったことが，制定の背景にある。この章典により，インフォームド・コンセントの必要性と患者の知る権利を擁護する気運が高まったといわれている。ここでのインフォームド・コンセントは，ヘルシンキ宣言のように人体実験（臨床試験）に限ったものではなく，一般的な治療を対象としている点に注意したい。

☑ インフォームド・チョイス

　患者が納得して治療を受けられるようにするために，可能な限り治療方法や手段のメリットとデメリットを患者側に説明し，患者自らの意思で治療方針を決定することをいう。SDM（Shared decision making；意思決定の共有）とほぼ同義。インフォームド・コンセントよりも患者の自己決定権をさらに尊重した概念といえる。

答案例

問題 インフォームド・コンセントの意義と，医療従事者が行うべきことについて，あなたの考えを述べよ。**600字以内**

模範回答 医療は患者の利益のため，また患者の生命や生活の質を高めるために行われるべきものである。インフォームド・コンセントには，こうした患者の権利を保障するという意識が込められていると考える。　　　　　　（以上，第1段落）

　そもそもインフォームド・コンセントが求められている背景には，従来のパターナリズムに基づいた医療への批判がある。パターナリズムとは，患者にとって最善の利益を決定する権利と責任は医療従事者側にあるので，医療従事者は自己の専門的判断を行うべきだという考え方のことである。しかし，医療従事者の専門的な判断が先行し，患者の意向を十分に反映した治療が行えない可能性がある。よって，医療従事者が患者の意向を汲み，また治療方法などを明示し，患者が納得して治療を受けられるようにする必要がある。その手段がインフォームド・コンセントである。この手続きにより，患者は自身の病気に対する情報を知り，より適切な治療を受けられるのだ。　　　　　　　　　　　　（以上，第2段落）

　ゆえに，医療従事者は患者が医療行為を拒むことのないように診断や治療の目的や内容を十分に説明し，患者の納得を得て治療することが必要だ。そのためインフォームド・チョイスなど，治療方法や手段のメリットとデメリットを示したうえで，患者に意思決定を委ねるといった方法も考えられる。　（以上，第3段落）

解説　第1段落：意見の提示…インフォームド・コンセントには，患者の権利を保障するという意義があると主張している。
　　第2段落：理由説明…パターナリズムに基づいた医療への批判を根拠に，患者が納得して治療を受けるためには，インフォームド・コンセントを行うことが必要だと述べている。
　　第3段落：意見の再提示…医療従事者は患者の納得を得て治療する必要があるとまとめている。

患者の自己決定権

定義

　自己決定権とは，第三者から干渉されることなく自らの行動を決定する権利のことをいうが，医療分野においては，医療サービスの選択権（治療方法や医師の選択など）と，死に関する選択権（尊厳死や安楽死（p.24参照）など）がおもな論点となる。この権利は，どのような医療を受けるのかを患者自身が知っていることが前提となってはじめて成立することに留意しておきたい。

必要性

　患者の自己決定権を尊重することによって，患者自身の幸福を追求する権利（幸福追求権）を擁護することができる。つまり，医療行為に対する選択や拒否を，患者自身の意思によって行えるという利点があるということである。さらに，自己決定権を尊重することは患者が知らないうちに第三者（医師や家族など）によって治療方針などが勝手に決められてしまうことを抑制する役割も担っている。

必要性の背景

　医療における自己決定権が論議されるようになったのは第二次世界大戦後のことである。パターナリズムによる医療は，本人の意思を問うことなく医療を施すことにつながるが，医療従事者の判断のみに委ねるこうした医療のあり方が問題視され始めたのである。それとともに患者側の意識の高まりも相まって，医療をサービスの一種として捉える傾向も増えてきた。その結果，患者が受ける医療というサービスに対して説明を受ける権利，医療方法を選択する権利が主張されるようになった。

　一方で，この概念は安楽死や自殺を肯定する立場の拠り所となっている。すなわち，生きるか死ぬかを選ぶ権利は患者自身が有するのだから，安楽

死や自殺などによって死を選択するという意思も尊重されるべきだ，という主張である。

対応策・解決策

患者の自己決定権を尊重するためといって，患者が行う選択や拒否に医療従事者は一切関与しないという姿勢は望ましいとはいえない。患者にとって最適な医療を提供するのが医療従事者の使命である以上，医療のプロとしての立場から，患者による自己決定が適切に行えるように支援をすべきだろう。具体的には，患者と医療従事者との間でよく話し合って医療方針を決めていくことが必要である。その時に最も大切なことは，あくまでも患者の QOL (p.26参照)をより高めることを最大目標に置いて医療行為を行うことである。

👍 小論文にする時のポイント

患者の自己決定権を擁護するという立場に立ちながらも，医療従事者の適切な関与が欠かせないことを示しておくことが重要だ。その際，パターナリズムを肯定するような表現にならないよう，十分に注意して論じる必要がある。

ただし，意思が直接問えない患者(救急患者，意識不明者など)の自己決定権のように，対応が難しいケースもある。こうした時，「患者の気持ちを予想して対処する」など，患者の意思を医療従事者が勝手に決めるという立場は望ましくない。あくまでも患者本人の意思は判断できないものとして捉え，対策を講じるべきだ。例えば，延命を最優先する，家族と相談して治療方針を決める，リビングウィル(p.22参照)の必要性を論じる，などが考えられる。

📝 過去の入試問題例

例 「インフォームド・コンセントにおける患者の自己決定の尊重」について，関連するほかの資料を調べ，その内容を，課題文の項目「自己決定権の尊重」の内容と対比させつつ，自分の考えを述べよ。　(青森県立保健大・健康科学部)

例 「患者は検査や処置の目的を明確に理解すべきである」という点について，なぜこのようなことが重要なのか。自己決定権を考慮した上で，あなたの考えを日本語で述べよ。 （埼玉県立大・保健医療福祉学部）

例 意思決定について述べた文章を読み，実際の医療現場で医師が患者に複数の治療選択肢のある病気に対する治療の説明を行う場合，どのように説明を行っていくべきか，本文の内容に即してあなたの考えを述べよ。 （山口大・医学部）

🔎 関連キーワード

☑『自由論』（1859年刊）

J・S・ミルが著した，自由についての政治学の著作。『自由論』では19世紀のヨーロッパで起こった自由をめぐる問題を論じている。思想と討論の自由，行動と生活の自由といった個人の自由について論じる一方で，個人に対する社会の権威の限界，教育と政府の限界など，自由を妨げる権力が正当化される条件について述べている。

☑ 宗教上の理由による輸血拒否事件

肝腫瘍の患者が宗教上の理由により輸血を拒否したが，手術中に危機的な状況に陥ったため，医師が独断で輸血を行った事件（2000年）。患者は輸血したことに対し訴訟を起こし，担当医や国は慰謝料を支払った。この判決は，結果として死に至ったとしても，患者が治療を拒否する自由を認めたものといえ，末期的状態の患者でなくとも自己決定権によって尊厳死を選択する自由を認めたわけである。この事件を受け，患者の意思に反する輸血を行わないという病院が増加しつつある。

☑ リビングウィル

どのような死に方を望んでいるのかを，生前に事前意思として残しておくことをいう。臓器提供や安楽死(p.24参照)の可否，植物状態で生きることの拒否などを書面に記して残しておけば，その書面に基づいて処置が行われる。1960年代になってアメリカの医師ルイス・カトナーが提唱したのが始まりとされる。しかし，リビングウィルはあくまで推測した状況のもとでの事前の指示であり，実際に死に直面する時点での本人の自発的意思ではないという理由で，リビングウィルに異議を唱える人がいる点にも留意しておきたい。

答案例

問題 患者の自己決定において，医療従事者が心がけるべきことについて，あなたの考えを述べよ。**600字以内**

模範回答 患者の自己決定権は擁護すべきであるが，一方で医療従事者の適切な関与も欠かせない。パターナリズムに陥らないよう，また患者の自己決定を意義あるものにするよう，支援者として医療従事者が関与する必要がある。

(以上，第1段落)

そもそも自己決定とは，第三者から干渉されることなく，自らの行動を決定することである。現在も至るところで行われているパターナリズムによる医療は，本人の意思を問うことなく医療を施すことにつながっている。すべてを医療従事者の判断に委ねるこうした医療のあり方は，患者の自己決定を妨げる点で問題だ。ゆえに，医療の現場からパターナリズムを排除すべきであると考える。

(以上，第2段落)

一方，患者側の意識の高まりも相まって，医療をサービスとして捉える気運も高まってきた。その結果，患者が受けるサービスに対して説明を受ける権利，医療方法を選択する権利が主張されるようになった。しかし，患者にとって最適な医療を提供するのが医療従事者の使命である以上，患者の選択や拒否に一切関与しないという姿勢は望ましいとはいえない。患者の自己決定を支援するという立場で，患者の治療に関与する必要があるのではないか。 (以上，第3段落)

つまり，医療のプロとして，患者の決定が適切に行われるように支援すべきで，そのためには患者と十分に話し合い，医療方針を決めていくことが必要である。

(以上，第4段落)

解説 第1段落：意見の提示…患者の自己決定を有意義なものにするよう，医療従事者は支援者として関与する必要があると主張している。
第2段落：理由説明①…パターナリズムによる医療は患者が自己決定するのを妨げると述べている。
第3段落：理由説明②…一方，医療従事者が患者の自己決定にまったく関与しないという姿勢も望ましくないと述べている。
第4段落：意見の再提示…医療従事者は，医療のプロとして患者の自己決定を支援すべきだとまとめている。

安楽死

定義

　安楽死とは，末期がんなどの「不治」かつ「末期状態」で，耐えがたい苦痛を伴う疾患の患者の求めに応じ，医師などが死に至らしめることをいう。安楽死には，薬品の使用などにより死期を早める場合(積極的安楽死)と，延命治療の中止などによって結果的に死に至らしめる場合(消極的安楽死)とがある。このうち積極的安楽死については，その是非や法律上の問題が議論されている。以下では積極的安楽死を論点として取り扱う。

問題点

　安楽死を認めるということは，自らの死のあり方は患者本人が決めてもよいということを認めることにつながる。こうした考え方が一般的に許されるのかどうかが論議の分かれるところである。

問題点の背景

　安楽死肯定派は，患者の自己決定権(p.20参照)を根拠にしてその妥当性を論じている。患者は死ぬ権利や死ぬ方法を選ぶ権利を有しているのだから，QOL向上のための一手段として安楽死を選択するという意思も尊重すべきだというのである。

　一方，安楽死否定派は，倫理的問題や医療従事者側のリスクを根拠として論じている。安楽死を実行するに当たっては死期が近いこと(= 末期状態であること)を判断する必要があるが，人の死期は断定できるものではない。また，医師の技術水準や経験・知識・主観などによっても判断が一定ではない。そうした状態で人を死へと導いてよいのかという倫理的な面が問題となっている。さらには，その行為によって医師が刑事罰に処せされる可能性があるという現実的な面も論議の対象になっている。

対応策・解決策

　安楽死を肯定し，積極的に取り入れるのなら，安楽死を合法化することが必要である。そのためには，患者が事前に意思を表示する手続き（リビングウィル；p.22参照）が欠かせない。また，安楽死の可否を判断するための客観的な判断基準の整備も必要だろう。

　一方，安楽死を否定し，阻止しようとするなら，**安楽死を禁ずる法律を制定する必要がある**。一方で，安楽死を選択する根拠が「心身の苦痛」にあることから，それらをできる限り取り除く努力も求められる。例えば，ホスピス（p.28参照）での疼痛緩和処置や精神的なケアを行うなどがそれに当たる。

👉 小論文にする時のポイント

　設問の形によって論じ方が異なる。まず，「安楽死の是非を論じよ」という形の設問の場合，自分は肯定・否定いずれの立場なのかをきちんと示す必要がある。どちらの立場で論じてもよいが，どちらか一方だけの根拠や主張で展開するのは好ましくない。両方の立場の根拠や主張を踏まえつつ，だから「自分はどう思うのか」という論じ方をしよう。

　一方，特に是非が問われない形の設問の場合は，「患者の自己決定権の尊重」と「医療従事者側のリスク回避」の両側面を満たす答案が望ましい。具体的には，リビングウィルを積極的に取り入れる立場での論述になるだろう。

　ただし，いずれの形の設問にしろ，是非の判断を患者だけに押し付ける方向で論じることは避けたい。あくまでも患者の死生観（p.26参照）を尊重する方向で論じたい。

📝 過去の入試問題例

例　安楽死の立法化に対するあなたの意見を書け。　　　　　　（畿央大・健康科学部）

例　末期癌で自宅療養中の患者が自ら治療具を外し「尊厳死」を選んだことにつ

いて述べた新聞記事を読み，延命治療中止に対して賛成，反対，それぞれの立場に立った意見を述べよ。

（明海大・歯学部）

🔍 関連キーワード

☑ 尊厳死

「不必要な延命治療を受けず，人間らしい最期を全うしたい」という考え方のもと，回復の見込のない時点からの延命措置を本人の意思に基づいて辞退し，結果として死を選ぶことをいう。延命措置を行わないことが死や苦しみから解放することにもつながる患者もいることから，消極的な安楽死と捉える人もいる。

☑ 死生観

生きることと死ぬこと，もしくは死を通した生の捉え方や見方のことをいう。具体的には，人が死んだらどうなるのか，死後のことや死者をどう捉えればよいのか，生についての人々の考え方や理解の仕方はどうか，生きることとは何か，死ぬこととは何か，といったことが論点となる。宗教・哲学・思想・民族ごとに捉え方は異なるが，人生や我々の存在の意義について大きな影響を与えることが多い。

☑ 東海大学付属病院事件（1991年）

当該病院に多発性骨髄腫で入院していた末期状態の患者に，家族の求めに応じる形で医師が塩化カリウムを投与して，患者を死に至らしめた事件。裁判では医師に有罪判決が出された。この裁判の中で，安楽死の許容条件として次の4項目が示された。

①患者に耐えがたい肉体的苦痛があること。

②死が不可避で間近に迫っていること。

③苦痛を除去したり緩和する方法が他にないこと。

④生命の短縮を承諾する患者の明らかな意思表示があること。

☑ QOL（Quality of Life）

広義には，恵まれた環境で仕事や生活を楽しむことができる豊かな人生のことをいう。狭義には，特に医療や福祉の分野で，延命治療のみに偏らずに，患者が不快に感じることをできるだけ軽減し，その人がこれでよいと思えるような生活の質の維持を目指した医療の考え方を指す。

答案例

問題 積極的安楽死の是非について，意見を述べよ。**600字以内**

模範回答 私は積極的安楽死を肯定する立場に立つ。患者側にも個人の考え方や人生に対する価値観があり，それに基づく自己決定を尊重すべきだと考えるからだ。つまり，自らの死のあり方は患者本人が決めてもよいと思う。

(以上，第1段落)

そもそも積極的安楽死は，薬品の使用等によって自然の死期を早めようとするものであるが，そこには余命が短いという前提がある。しかし，人の死期は断定できるものではないし，医師の技術水準・経験・知識・主観でも判断が変わる。そうした不確定な状態で人を死へ導いてよいのかという倫理的な問題があることは分かる。また，医師が刑事罰に問われる可能性があることも理解している。

(以上，第2段落)

しかし，だからといって患者本人の死生観を否定してもよいということにはならない。患者は死ぬ権利や死ぬ方法を選ぶ権利を有しており，他人によるこうした権利や価値観の否定は避けるべきだ。むしろ，それらを肯定することで患者の自己決定権が尊重され，結果として患者の生活の質(QOL)が向上すると思う。

(以上，第3段落)

以上のようなことから私は，積極的安楽死を選択するという患者自身の意思を尊重すべきであるという積極的安楽死肯定の立場に立つ。ただ今後は混乱を避けるためにも，余命判定の客観的な基準を設けたり，患者自身のリビングウィルに関する法整備をする必要があると考える。

(以上，第4段落)

解説 第1段落：意見の提示…自らの死のあり方は患者本人が決めてよいという立場から，積極的安楽死に賛成の立場を示している。

第2段落：理由説明①…積極的安楽死に否定的な立場の論拠をまとめ，それに対して一定の理解を示し，譲歩している。

第3段落：理由説明②…否定的な立場への反論を行い，それによって肯定的な立場としての自らの意見の正当性を述べている。

第4段落：意見の再提示…積極的安楽死に肯定的な立場を再度示し，それに伴う法整備の必要性を述べている。

ホスピス，緩和ケア病棟

出題頻度 → 医看★★　歯薬リハ★

定義

　ホスピスとは，末期のがんなど，終末期のケア(ターミナルケア)を行う施設のことをいう。あるいは，在宅で行うターミナルケアのことを指すこともある。また，緩和ケア病棟とは，ターミナルケアを行っている病棟のことで，そこでは延命を目的とせず，人生の最期をいかに充実したものにできるかということを目的とした医療を行っている。

　日本では1990年より，厚生省(現在の厚生労働省)の設置基準を満たしたホスピスでは，緩和ケア病棟として末期がんと末期エイズの患者をおもな対象に医療保険制度に基づいてケアできるようになった。

必要性

　医療技術が発達したことにより，疾病によっては患者の延命ができるようになってきた。しかし，もはや回復の可能性がほとんどない患者に対しても延命処置が行われることで苦痛を伴う日々が続くことになり，それを望まない患者も出てきた。こうした人々に苦痛を伴わずに安らかに死を迎えることができることを目的にした医療を提供する場がホスピスや緩和ケア病棟である。したがってここでは，積極的な延命治療は行わない。

必要性の背景

　ホスピスや緩和ケア病棟が求められる背景には，近年になって，QOL(p.26参照)の向上や自己決定権(p.20参照)の尊重を求める患者が増えていることが挙げられる。終末期に入った患者や家族は，延命治療を受けるか否か，安楽死(p.24参照)を選択するか否かを考えざるを得なくなる。その時，極力苦痛が伴うことを避けて最期を迎えたい(迎えさせたい)と願う患者や家族は多く，ホスピスや緩和ケア病棟でのケアに対する需要は年々高まってきている。

対応策・解決策

ホスピスや緩和ケア病棟では，従来の病院では行うことができない**ターミナルケア(終末期医療)**を提供している。また，緩和ケア病棟においては，入院費は健康保険が適用され，高額療養費制度も受けられる。

しかし，現状の制度では対象となる患者が特定(末期がんと末期エイズの患者がおもな対象)されているため，採算がとれず，施設が増えない原因となっている。さらに，末期患者への医療が適切に行える専門家も限られているという現状もある。

そのため，終末期医療の専門家を育てる仕組みづくりや，ホスピスや緩和ケア病棟の新設・増設などが急務の課題となっている。

👍 小論文にする時のポイント ————————————

医療従事者はできる限り，客観的かつ中立的な立場で患者を支援することが求められている。ゆえに，自身の思い込みだけで，ホスピスや緩和ケア病棟について否定的な見解だけを述べるとか，逆に肯定的な見解だけを論じるなど，一方だけに偏重した主張を展開することは好ましくない。あくまでも患者の自己決定権の尊重や QOL の向上という視点からホスピスや緩和ケア病棟を捉え，終末期医療策の選択肢の一つとして認めるという方向で論じるのがよい。

📝 過去の入試問題例 ————————————

例 ホスピスと緩和ケアに関する英文を読み，ホスピスと緩和ケアの基本的な考えについて述べよ。　　　　　　　　　　　　　　　　(愛媛大・医学部・看護学科)

例 死を前にして，患者のために遠距離を走る家族について述べた文章，および，患者が家族に囲まれて最期を迎える様子を述べた文章を読み，課題文に示される著者の姿勢のなかであなたが特に共感を覚えるものを一つ挙げ，それについての意見を述べよ。　　　　　　　　　　　　(愛知県立大・看護学部・看護学科)

例 『人口動態調査』(厚生労働省)，『要介護高齢者の終末期における医療に関す

る研究報告書』（医療経済研究機構），『高齢者の健康に関する意識調査』（内閣府），『終末期医療に関する調査』（厚生労働省）から，高齢者の終末期医療の状況を示した4つの図を読み，提示された図の情報を参考に，日本の終末期に関わる課題について，あなたの考えを書け。 　　　　　　　　　　　　　　（長崎大・医学部）

🔑 関連キーワード

☑ 終末期医療（ターミナルケア）

末期ガン状態などの患者に対する医療のこと。延命を目的とするものではなく，身体的あるいは精神的な苦痛を軽減する処置を施すことで，QOLを向上させることに主眼が置かれる。すなわち，ペインコントロールなどの医療的処置（緩和医療）に加え，精神的な面でのフォローも重視して，総合的な措置がとられている。

☑ 緩和医療

患者の苦痛を緩和することを目的とする医療のことをいい，その患者のQOLを高めることで，病気の経過によい影響を与えることにつながる。

緩和ケアは，症状に伴う苦しみを予防したり和らげたりすることを目的になされるものである。そのために痛みなどの身体的な問題のほか，社会心理的な問題，精神的な問題についてもできるだけ早期に発見し，的確な手当てと治療を行うという方法がとられている。

☑ ペインコントロール

さまざまな怪我や病気・手術に伴って生じる痛み（ペイン）を管理することをいう。がんなどによる終末期医療の中ではペインコントロールが特に重要な位置を占めることから，モルヒネなどの鎮痛剤を使用するなどして痛みを抑制・管理している。

診断や治療の妨げとなる疼痛を除去することをあくまでも優先し，終末期における闘病生活を少しでも過ごしやすくするための一つの手段である。

☑ 緩和ケア病棟

いわゆるホスピスのうち，厚生労働省の定める一定基準を満たし，健康保険が適用されるターミナルケア専用病棟のことをいう。

鎮痛処置や応急処置のほかは，特に治療行為はなされず，また，患者に対してはほとんど行動制限などを課さないため，患者は比較的自由な環境の中で入院生活を送ることができる施設である。

答案例

1

医療

問題 ホスピスや緩和ケア病棟について，あなたの意見を述べよ。**600字以内**

模範回答 医療技術が発達したことにより，疾病によっては患者の延命ができるようになった。しかし，死が避けられない患者に対しても延命処置が行われるようになり，それを望まない患者も出てきた。こうした人々に苦痛を伴わずに安らかに死を迎えられる医療を提供する場がホスピスや緩和ケア病棟である。私はこうした現状を終末期医療の選択肢の一つとして，肯定的に捉えている。

(以上，第1段落)

　そう捉えるのは，日本においても QOL の向上や自己決定権の尊重を求める患者が増えているという背景があるからだ。終末期の患者は，延命治療を受けるか否か，また安楽死を選択するか否かを考えることになるが，苦痛を伴うことを避けたいと願う患者の多くは，ホスピスや緩和ケア病棟でのケアを望む。また，緩和ケア病棟では健康保険が適用されるほか，高額療養費制度も受けられることにより，患者の選択の幅が広がっている。

(以上，第2段落)

　しかし，現状の制度では対象となる患者が末期のがんとエイズの患者に限定されることから採算がとれず，施設が増えない原因となっている。また，末期患者への医療が適切に行える専門家の数も限られている。これらを打破するためには，終末期医療の専門家を育てる仕組みづくりや，ホスピスや緩和ケア病棟の増設・新設が望まれる。

(以上，第3段落)

解説 第1段落：意見の提示…ホスピスや緩和ケア病棟を，終末期医療の選択肢の一つとして肯定的に捉えていると主張している。

第2段落：理由説明…ホスピスや緩和ケア病棟が求められる背景を説明している。

第3段落：意見の再提示…ホスピスや緩和ケア病棟が抱える問題点を指摘し，それを解決するために専門家の育成やホスピスやケア病棟の増設・新設の必要性を述べている。

臓器移植

定義

　提供者(ドナー)から受給者(レシピエント)へ組織や臓器を移し植える医療行為のことをいう。このうち，肝臓・腎臓・膵臓などは生体からのほかに，心臓死者からでも移植できる。それに加え，肺や小腸も生体からでも脳死者(p.36参照)からでも移植できる。しかし，心臓の移植は当然のことながら脳死者からに限られる。

　ここでは，脳死者からの臓器移植だけに限らず，臓器移植全般について述べる。

問題点

　臓器移植の最大の問題として，移植医療を受けられるチャンスの少なさが挙げられる。もともとドナー自体が多くない状況下にあって，臓器の移植を受けるためには提供を受ける臓器がレシピエントに適合しているかどうかを判断する必要があるのだが，適合するケースは決して多くないのである。さらに，適合する臓器の出現を待っている間にレシピエントが死亡してしまう事例も多い。

　また別の問題として，幸いにして臓器提供を受けられたとしても，拒絶反応(p.34参照)を抑えるために免疫抑制剤を飲み続けなければならず，それによる副作用の実害のほか，飲み続けなければならないと思う心理的負担が大きくのしかかることも考えられる。

問題点の背景

　移植医療が受けられるチャンスが少ないことの背景には，移植用の臓器が少ないことがある。特に，1997年までは脳死者からの臓器摘出が認められておらず，心臓死者からの移植のみが行われていたことも影響している。現在は臓器移植法が制定されたことにより，脳死者からの移植ができるよ

うになったものの，臓器不足を解消するまでには至っていない。そのため，海外に渡って移植のチャンスを待つ患者もみられる。

対応策・解決策

　問題は，移植用の臓器の不足と，移植できたとしてもその後に起こる拒絶反応にある。よって，究極的にはES細胞やiPS細胞（p.149参照）などの万能細胞により，患者本人の遺伝子を持つ臓器を再生することが解決策となり得るが，現状ではまだまだ研究の途中であり，現実的ではない。

　したがって現段階での有力な解決策は，臓器移植の機会拡大への働きかけであろう。具体的には，例えば臓器提供意思表示制度の推進や，骨髄バンクや臍帯血バンクなど，骨髄移植や造血幹細胞移植の仕組みを整備するなどの対策が挙げられる。また，副作用が起こりにくい免疫抑制剤の開発を続けることも必要である。

👍 小論文にする時のポイント

　臓器移植がテーマになると，「かけがえのない命を救うために，臓器移植を推し進めるべきだ」といった感情的な議論を展開しがちであるが，それは好ましくない。臓器移植はあくまでもES細胞・iPS細胞などの万能細胞による臓器再生が可能になるまでの過渡的な医療技術であること，また，移植後の対応が不可欠であることを認識する必要がある。

　一方で，臓器売買（p.34参照）などを論じる答案も見られる。しかし，それは臓器移植そのものではなく，あくまで「売買」が論点であるゆえ，これを根拠や事例に用いる際には，論じてもよい設問かどうかを考慮することが必要だ。

📖 過去の入試問題例

例 臓器移植と生命倫理について具体的な事例を挙げながら，あなたの考えをまとめて述べよ。
　　　　　　　　　　　　　　　　　　　　　　　（横浜市立大・医学部・医学科）

例 生体臓器移植についての英文を読み，生体臓器移植における今後の問題点と対策について簡潔に述べよ。 （大阪大・医学部・医学科）

🔍 関連キーワード

☑ 拒絶反応

ドナーから提供された臓器をレシピエントに移植する時に起こる反応。症状としては，血栓ができて臓器に血液が行きわたらない，免疫機能によって臓器を排除しようとする，臓器が萎縮するといったことが挙げられる。症状や程度によっては，臓器移植の中止や再移植が必要となる。

☑ 臓器売買

臓器移植のために，人の臓器を売買することをいう。移植のための臓器不足，貧困のために自分の臓器を売らざるを得ない人がいるという事情などが背景にあるといわれている。また，臓器ブローカーの存在や世界的な闇取引ルートの存在が指摘されているが，売買の実態は必ずしも明らかにされていない。臓器売買が合法である国もあるが，日本では臓器移植法によって，臓器の提供や斡旋の対価としての金銭授受は禁じられている。

☑ 移植コーディネーター

臓器移植・組織移植・骨髄移植などにおいて，移植が円滑に行われるように，提供者と受給者の間の調整をする医療専門職のことをいう。臓器を提供する人（ドナー）を受け持つドナーコーディネーター，臓器移植を希望する人（レシピエント）を受け持つレシピエントコーディネーターのほかに，組織移植コーディネーター，骨髄移植コーディネーターなどがある。多くは看護師や臨床検査技師などの医療従事者が委嘱を受けて行っている。

☑ アイバンク

本人または遺族の同意のもとで，死後，該当者の眼球を，角膜移植によってしか視力を回復できない人に移植することを斡旋する公的機関のことをいう。移植するのは角膜であるが，ドナーが提供するのは眼球全体である。

答案例

問題 臓器移植における問題点について，論じよ。**600字以内**

模範回答 臓器移植の問題点として，移植医療が受けられる機会の少なさが挙げられる。それは，提供される臓器の数が少ないことが原因である。ゆえに，私は提供臓器の数を増やすための取り組みが欠かせないと考える。 （以上，第1段落）

そもそも臓器移植の際には，拒絶反応を避けるために提供臓器がレシピエントに適合していることを判断する必要がある。しかし，適合する場合が少ないため，移植を受けられないこともある。こうして適合する臓器を待っている間にレシピエントが死亡することもある。 （以上，第2段落）

こうしたことが起こる背景に，提供臓器の絶対数の不足がある。我が国では死体ドナーの数が少ないうえ，現在では，臓器移植法によって脳死者からの移植ができるようになったものの，臓器不足を解消するまでには至らない。こうした現状から，海外に渡って移植のチャンスを待つ患者もみられる。 （以上，第3段落）

こうした問題を解決する究極的な方法は，ES細胞やiPS細胞で患者本人の遺伝子を持つ臓器を再生することだが，現状は開発途中であり，現実的ではない。ゆえに，臓器移植の機会拡大への働きかけが解決策として有力となる。例えば，骨髄バンク，臍帯血バンクなど，骨髄移植や造血幹細胞移植の仕組みを整備するなどである。また，副作用が起こりにくい免疫抑制剤の開発も必要だ。

（以上，第4段落）

解説 第1段落：意見の提示…移植用の提供臓器数が少ない現実を踏まえて，提供臓器数を増やす取り組みの必要性を主張している。
第2段落：理由説明①…臓器の適合性が整わない間に，臓器提供を待つレシピエントが死亡することがあると述べている。
第3段落：理由説明②…提供臓器数が不足する背景を説明している。
第4段落：意見の再提示…ES細胞やiPS細胞の活用による臓器再生を究極的な手段として示しつつ，現状でも行える改善策を述べている。

》脳　死

定義

　脳死とは，ヒトの脳のすべての機能が不可逆的に回復不可能な段階まで失われた状態のことをいう。脳死は，心肺機能に致命的な損傷はないが頭部にのみ強い衝撃を受けた場合や，くも膜下出血などが原因となることが多い。「心臓停止→脳機能停止」という心臓死の流れとは異なり，脳死は「脳機能停止→心臓停止」と心臓死とは逆の流れとなる。日本では現在は，臓器の移植に関する法律（臓器移植法）（p.38参照）において，一律に脳死を「死」と認めている。

問題点

　脳死は脳の機能が停止していることが前提となるが，それに従うと心臓が動いている脳死体も存在することになる。こうした状態を真の死とすることが倫理的に認められるかどうかについては，賛否が分かれている。そしてそれに付随して，脳死者からの臓器移植を許すべきか否かも，議論の対象となっている。

問題点の背景

　脳死という状態は，人工呼吸器が開発・実用化された1950年代頃から現れるようになった。脳死者に人工呼吸器を用いれば，身体機能を維持することができる。心臓は動いているが，この状態を「死亡した」と認めれば，心臓が動いている死体から移植に必要な臓器を摘出できる。つまり，移植用の臓器を確保することにつながる。このように脳死を認めることは，移植のための臓器を得る一つの手段であると捉える人もいる。

対応策・解決策

　脳死からの臓器移植を認めるのであれば，推進するための策を推し進め

る必要がある。2009年の臓器移植法改正により，本人の臓器提供の意思が不明な場合にも，家族の承諾があれば臓器提供が可能となったが，この改正により脳死者本人の意思に関係なく，家族が死を選択することになる。これは第三者が死のあり方を選択することにつながるという点で，問題視されている。ゆえに，脳死段階での臓器移植を認めるか否かをドナーカード(p.38参照)によって本人が生前に意思表示しておくリビングウィル(p.22参照)の制度を推し進めることが重要となる。

　一方，脳死判定(p.38参照)そのものに関して反対の立場の人もいる。あくまで脳死判定は脳の機能を間接的に見たものに過ぎず，脳が完全に停止したこと(脳機能の不可逆的停止)を確認したものではないという主張である。こうした立場から論じるのであれば，脳死判定基準の妥当性のほか，脳死という概念自体を否定することになる。

👍 小論文にする時のポイント

　脳死者からの臓器移植の是非や今後のあり方が主に問われる。賛成・反対どちらの立場で論じてもかまわないが，あくまでも患者の自己決定権の尊重が重要である点を欠いてはならない。その面で，「助からない生命を救うことができるから，脳死からの臓器移植に賛成する」といった趣旨の主張を展開しがちだが，このような場合，ともすると提供者側の立場を忘れがちになるので，その点には注意を要する。

📋 過去の入試問題例

例 あなたは脳死ということについて，どのように考えるのか論じよ。
（日本赤十字北海道看護大・看護学部）

例 我が国の脳死や臓器移植に対する現状分析と今後のあり方について自分の考えを述べよ。
（香川大・医学部・医学科）

☑ 臓器の移植に関する法律 （臓器移植法）

臓器の移植についての基本的な理念と，移植のための臓器を死体から摘出するのを認めること，さらに臓器売買を禁止することなどを定めた法律のことをいう。この法律では，脳死（体）のことを「脳幹を含む全脳の機能が不可逆的に停止するに至ったと判定された者の身体」とすることで，脳死を定義している。

2009年の改正により，臓器提供の意思を本人が表示していなくても，家族が承諾していれば摘出できるようになった。

☑ 脳死判定

脳死判定は，全脳の機能が不可逆的に停止していることを判定することをいう。過去に脳死判定の経験がある2名以上の医師で行い，初回から6時間後に行う再判定でも同じ所見であることが条件となる。

具体的には，深昏睡・瞳孔固定・脳幹反射の消失・平坦脳波・自発呼吸の消失をチェックし，2回目の判定が終了した時刻を死亡時刻とする。ただし，これらの項目で「全脳の機能が不可逆的に停止」していると判定できるのか

という点については，脳機能を間接的に測定しているにすぎないという理由から，懐疑的な見方もある。

☑ 臓器提供意思表示カード （ドナーカード）

自らの臓器提供に関して，その意思があることを表示するためのカードのこと。脳死後に臓器を提供する意思があること，心臓死後に臓器を提供する意思があることのほかに，臓器を提供しない意思を示すことができる。現在では，マイナンバーカードや健康保険証，運転免許証でも意思表示をすることができる。

☑ 脊髄反射

ヒトを含む動物が外部から何らかの刺激を受けた場合に，脳で意識しないうちに脊髄が中枢となって起こる反応のことをいう。感覚器が刺激を受けてから行動を起こすまでの情報伝達が，脳を経由せずに完了するので，脳を経由して反応する場合よりも早く行動できる特徴がある。例えば，熱い物に手が触れた時，瞬間的に手を離す行動などはそれにあたり，危険を回避するのに有利にはたらく。

答案例

問題 脳死者からの臓器移植について，考えを述べよ。**600字以内**

模範回答 脳死という状態は，人工呼吸器が開発・実用化された1950年代頃に現れるようになった。脳死体に人工呼吸器を用いれば身体機能を維持できるので，脳死を死と認めれば脳死体から移植に必要な臓器を確保できる。だからといって，脳死者からの臓器移植を安易に行ってはならないと思う。ドナーや家族に対して，脳死や臓器移植に対する理解を得たうえで意思を問うべきであろう。

（以上，第1段落）

　たしかに，自らの臓器を他者に提供することで命を救うことが可能になるから賛同するという人もいる。しかしそれ以前の問題として，現状の脳死判定の仕方では脳が完全に停止したことを認めたことにはならず，脳死からの臓器移植には賛同しないという人もいるのである。ゆえに，脳死からの臓器移植に同意するか否かの判断は，十分に慎重になされるべきである。その意味でも，その意思表示を本人が行うべきだ。

（以上，第2段落）

　特に2009年の臓器移植法改正により，患者本人の意思に関係なく，家族が死をも選択できることになったが，家族といえども第三者が究極の選択をすることにつながるという点で，問題視されている。ゆえに，脳死段階での臓器移植を認めるか否かをドナーカードで意思表示するなど，リビングウィルを推し進めることが，今後は重要となろう。

（以上，第3段落）

解説 第1段落：意見の提示…ドナーや家族に対し，脳死や臓器移植に対する理解を促したうえで，臓器提供の意思を問うべきだと主張している。
　第2段落：理由説明…脳死からの臓器移植に対する賛成派に譲歩しつつ，脳死判定の問題点を指摘し，脳死からの臓器移植の同意には慎重さが必要であることを述べている。
　第3段落：意見の再提示…現状の法制度の問題点を指摘し，脳死からの臓器移植に対してはリビングウィルを明らかにしておくことが重要であることを述べている。

出生前診断

定義

　胎児の発育状況や異常の有無を判定することを目的として，妊娠中（出生前）に実施する一群の検査のことをいう。最も一般的な出生前診断はエコー（超音波検査）や胎児心音測定である。

　それ以外に染色体疾患に関する遺伝子学的な検査もある。検査には，新型出生前診断（NIPT）（p.43参照）や母体血清マーカー検査（p.43参照）などの非確定検査（それだけでは完全には診断が確定しない検査）と羊水検査（p.43参照）などの確定検査がある。確定検査は診断が確定する一方，少ないながら流産のリスクがある。

　このほか，妊娠のごく初期の段階で行う着床前診断（p.43参照）もある。

問題点

　出生前診断によって胎児に異常があると判断された場合には，人工妊娠中絶（p.42参照）を実施することが多い。これに対しては，胎児段階とはいえ意図して生命を断ってよいのかどうかという倫理上の問題がある。当該の親にとっては，難しい判断を迫られることになる。

　また人工妊娠中絶は，優生学（p.43参照）的な面での生命の選別に当たるという指摘がある。高齢出産など，特に異常が発生する確率の高い妊娠においては，遺伝子学的な検査などを実施することがある。この検査で胎児に障害があることが判明した場合，多くは人工妊娠中絶を選択するが，これが障害者を排除することにつながるという指摘である。

問題点の背景

　医学の発達とともに検査の精度が高まり，判定可能時期が早まったことが背景にある。比較的高い確率で，妊娠後の早い段階で胎児の異常を発見することが可能になったのである。

　また，高齢出産とされる35歳以上で初産（第一子の出産）を経験する人が2000年以降増え続けていることも背景にある。高齢出産は，母胎への負担や流産のリスク，胎児の発育に異常をきたす確率が上がるといわれており，出生前診断の重要性は高い。

　しかしながら，確定検査自体に流産のリスクがあり，さらに費用についての懸念もある。

対応策・解決策

　障害を持つ可能性のある胎児を人工中絶することが許されるかどうかが問題の根底にある。中絶を選択する親は，現在の社会では障害者に対する保護制度が充実していないことや，生まれてきた場合，自分の子どもが差別を受ける恐れがあることを懸念しているのである。障害者を温かく受け入れる社会であれば，こうした懸念はかなり軽減されるだろうから，状況も違ってくるに違いない。

　その意味でも，障害者とともに暮らせる社会，すなわちノーマライゼーション（p.193参照）思想を広めることが求められる。

　胎児の異常を早期に診断し，その結果を胎児の健康の向上，胎児の適切な養育環境を整えることに活かしていけるよう，医療従事者が導くことも必要である。

　出生前診断によって胎児に異常が発見された際，最終的に中絶するか否かの判断は胎児の親に委ねられる。非常に重い決断を迫られることになり，仮に中絶を選んだ場合でものちのちまで精神的な苦痛を伴うケースが少なくない。こういった事前・事後の胎児の親に対するケアの体制も整えていく必要がある。

👍 小論文にする時のポイント

　出生前診断の是非は，障害を持つ可能性のある胎児を人工中絶することの是非と密接に結びつくことに留意しておこう。その時，健康な子どもを授かりたいと願うのはごく自然なことであることも念頭に置くべきである。ゆえに，出生前診

断の結果，中絶を選択する親を一方的に非難することは好ましくない。障害児を持つことの精神的・肉体的・経済的な苦痛を考慮しつつ，その家族にとって最適な選択がなされるよう，医療従事者は中立的な立場から支援するのが望ましいという方向で論じたい。

過去の入試問題例

例 出生前診断について述べた英文を読み，「Prenatal Diagnosis」について，保健・医療の視点からあなたの考えを述べよ。　　　　　（新潟大・医学部・保健学科）

例 あなたは出生前診断に賛成か，それとも反対か。課題文の内容をふまえ，また自分と反対の意見も検討し，理由と共に述べよ。　　　（神戸市看護大・看護学部）

例 出生前診断の倫理的問題について述べた英文を読み，下線部が指す内容と，それぞれがどのような倫理的問題を引き起こしうるかについて，あなたの考えも含め日本語で説明せよ。　　　　　　　　　　　　　　　　　（香川大・医学部）

例 新型出生前診断について述べた文章と，図「新型出生前診断受検者の結果」，表「新型出生前診断陽性例の確定診断結果と妊娠帰結」を読み，図と表から読み取れる内容を踏まえて，新型出生前診断について，あなたの考えを述べよ。

（岡山大・医学部）

関連キーワード

☑人工妊娠中絶

手術や薬品など人工的な手段を用いて意図的に妊娠を中絶させ，結果として胎児の生命を絶つことをいう。刑法上では堕胎という。

日本国内では母体保護法の定めのもとで，合法的に人工妊娠中絶が行われている。すなわち，母体保護法では，母体の健康を著しく害するおそれのある場合などに，指定医が本人などの同意を得たうえで中絶を行うことができると定めていて，この規定にのっとった中絶には，堕胎罪が適用されない。ただし，妊娠22週以後の人工妊娠中絶は法律で禁じられている。

☑ 優生学

人間の遺伝形質の改良を，社会が介入して行うべきだと提唱する社会哲学のことをいう。具体的には，優秀な人間を創造すること，社会的な人的資源を保護することなどを目標として掲げ，産児制限・人種改良・遺伝子操作などの手段によって目的を達成しようとする。こうした捉え方には，知能の高低，障害の有無，社会階級の高低，遺伝問題の有無などの点で差別や倫理的問題を起こしかねないとして，批判的な立場を取る人も多い。

☑ 着床前診断

体外受精で作成した受精卵が4～8細胞に分割した時点で，受精卵または卵子の遺伝子や染色体に遺伝学的な異常がないかを診断する方法で，一般的にいう出生前診断よりも早期に行われる。この検査によって，将来起こりうる遺伝疾患や流産の可能性を診断することができる。出生前診断に比べて母体への負担が軽いなどの利点がある一方で，生命を選別することを助長しかねないとの指摘もある。

☑ 新型出生前診断（NIPT）

妊娠10週以降の妊婦から採取した血液の成分を調べる検査で，ダウン症などの染色体異常を調べることができる。正式名称は「母体血胎児染色体検査」であるが，従来の母体血清マーカー等より新しく開発されたので，「新型出生前診断」と呼ばれている。胎児に影響のない安全な検査であり，感度は99％であるが，わずかながら「偽陽性」（異常はないのに異常と出る）の可能性がある。

☑ 母体血清マーカー

妊娠15～18週の妊婦から採取した血液の成分を調べる検査で，ダウン症などの染色体異常が分かる。感度は80％程度である。

☑ 羊水検査

妊娠15～16週以降の妊婦の羊水に含まれる胎児の代謝物や細胞の染色体や遺伝子を検査して，胎児の遺伝病，代謝疾患，染色体異常などを調べるための検査である。感度は100％である確定検査であるが，流産を起こすリスクが存在する。

答案例

問題 出生前診断の是非を論じよ。**600字以内**

模範回答 そもそも出生前診断とは，胎児に異常があるかないかを調べることを目的として，妊娠中に実施する一群の検査のことを指す。出生前診断の是非は，障害を持つ可能性のある胎児を人工妊娠中絶することの是非と密接に結びついているのだが，そのことを踏まえて私は出生前診断に反対する。　（以上，第1段落）

　たしかに，誰もが健康な子供を授かりたいと願っているし，障害児を持つことは親の精神的・肉体的・経済的苦痛にもつながる。したがって，出生前診断の結果によって中絶を選択した人を非難しにくいことも十分に理解できる。

（以上，第2段落）

　しかし，そうした理由であっても，胎児や受精卵の生命を絶ってはならない。人工妊娠中絶は親と子どちらの生命を優先すべきかと，ある意味で命を天秤にかける行為である。そうなれば胎児は一方的に不利となるのは明らかであるが，それは胎児や受精卵が人として生存する権利を奪うことにつながるのではないか。さらに，こうした理由による中絶は，障害者を排除するという優生学的思想にもつながるので，出生前診断には賛成できない。　（以上，第3段落）

　だが，現代社会では障害者を受け入れる条件は不十分なため，そういう子どもが差別を受ける可能性も残る。その懸念を軽減するためにもノーマライゼーションを推進し，障害者を温かく受け入れる社会を構築する必要があると思う。

（以上，第4段落）

解説 第1段落：意見の提示…出生前診断に反対すると主張している。
　第2段落：理由説明①…診断の結果，障害児の可能性があると判断された親の立場を思い，出生前診断の賛成派に一定の理解を示している。
　第3段落：理由説明②…胎児や受精卵の生存権を奪い，優生学的思想にもつながるという根拠から，出生前診断を否定的に捉えている。
　第4段落：意見の再提示…障害児を十分に受け入れる状況にない現状を踏まえ，ノーマライゼーションの推進を改善策として述べている。

医療過誤

定義

医療従事者の過失(誤った診断や治療,投薬ミスなど)によって,患者が被害を受けることを指す。医療ミスともいう。なお,よく似た言葉に医療事故があるが,これは医療にかかわる場所において医療の過程で発生したすべての人身事故のことを指し,医療従事者の過誤・過失の有無を問わない。医療過誤は医療事故の一類型である。

問題点

医療過誤は,命にかかわるような重大な事故につながる可能性もある。しかし,医療過誤は医療行為中に起こるという特殊性と,過誤かどうかの判断には高度の専門知識を要するという点で,過失の有無の判断や法的責任の追及が難しい。ゆえに,たとえ患者側が医療過誤により被害を受けたとしても,そのことを立証するのが困難であるという現実がある。

問題点の背景

大部分の過誤は,ヒューマンエラー(p.47参照)によって起こるものである。人間の注意力には限界があり,疲労や錯覚によってミスを起こす場合がある。そのため,過酷な医療現場での勤務が過度の疲労につながり,医療過誤の原因になることも多い。

また,混同しやすい薬品名が多いことや複雑な医療機器の操作ミス,あるいは投薬に関する指示の行き違いなど,医療現場には特有の混乱が起きやすい要因も潜んでいる。

さらに,確認を怠ったまま業務を進めることが習慣となっているといった安全管理体制に問題がある医療現場もあり,医療過誤の発生を助長しているといわれている。

　「人間である以上，必ずといっていいほど失敗は起こりうる」という前提に立って対策を講じるべきである。そのためには，あらかじめ発生しうるリスクを想定し，その対処法を考えること（リスクマネジメント；p.47参照）が大切である。例えば，ヒヤリ・ハット事例（p.47参照）を収集・分析して再発防止策の検討や提言を行うこと，事故発生時のために危険予知訓練（p.47参照）を行うこと，ダブルチェックの義務化，患者や家族に対して誠意をもって対応することなどが挙げられる。

　また，誤用を招きやすい形をした医薬品には注意表示を行う，紛らわしい薬品名を改善する，誤った薬品が投与できないように医療用具に工夫を凝らすなどの医薬品や医療用具に対する改善策も欠かせない。

👍 小論文にする時のポイント

　「人間は失敗するものである」という前提に立って，医療過誤（医療事故も含む）の原因究明や対応策を論じるべきである。よって，「医療従事者の不注意が原因だから，当事者が責任を負うべきだ」といった責任論や，「気の緩みが原因だから，医療従事者は気を引き締めて医療行為に臨むべきだ」などという精神論だけで終始するのは問題解決策としては具体性に乏しく，説得力がない。

📋 過去の入試問題例

例　医療事故について述べた文章を読み，医療事故の対応策とその留意点を述べよ。
　　　　　　　　　　　　　　　　　　　　　　　　（奈良県立医科大・医学部・医学科）

例　医療事故はなぜなくならないのか，また防ぐにはどうすべきか。考えを述べよ。
　　　　　　　　　　　　　　　　　　　　　　　　　　　　　　（富山大・薬学部）

例　医療事故の概要を読み，あなたが裁判官ならどう判断するか。あなたの考えを述べよ。
　　　　　　　　　　　　　　　　　　　　　（日本大・松戸歯学部・歯学科）

🔍 関連キーワード

☑ ヒューマンエラー

人為的なミスのこと。計画段階での勘違いや思い込みが原因で起こるもの，計画自体に問題はないが正しく実行できなかったことによって起こるもの，物忘れによって起こるもの，不注意によって起こるもの，目標を途中で見失ったことによって起こるもの，必要なことを怠った結果で起こるものなど，原因はいろいろある。しかしどれも，予防策や対応策によってかなり軽減できる。

☑ リスクマネジメント

組織のなかで発生する可能性があるリスクを管理し，リスクによって起こる損失を回避したり，リスクそのものを減らしたりすることをいう。そのために，まずはリスクの原因となるものを想定し，リスクの大きさを評価する。そのうえで，どの要因を優先して対処すべきかを決定して，その順に対策を講じていくという手法をとる。現在，リスクマネジメントを実践する医療施設が増えつつある。

☑ ヒヤリ・ハット事例

重大な災害や事故にはならなかったものの，災害や事故の一歩手前となった事例をいう。文字通り，その事例で「思わずヒヤリとしたり，ハッとしたりするもの」である。医療におけるヒヤリ・ハットは，適切な医療行為が行われなかった（人的なエラーが発生した）が，幸いにも被害（不利益）が生じなかった事例の場合に使われる。こうした事例を蓄積してその原因を明らかにし，その後の医療事故防止に役立てている医療機関が増えてきている。

☑ 危険予知訓練

同様の作業をする者どうしが，事故や災害を未然に防ぐことを目的にして，その作業を遂行する時に生じる危険を予想し，指摘し合う訓練のことをいう。ミーティングや職場内研修を通して，事故や過誤の発生を未然に防止するための仕組みである。まず現状を把握し，問題点などが見つかればメンバー内で原因を検討・整理して改善策や解決策をまとめ，メンバー全員がそれを共有するという手続きが一般的である。

答案例

問題 医療過誤の対策について，あなたの考えを述べよ。**600字以内**

模範回答 医療過誤とは，医療従事者の過失で患者が被害を受けることを指す。これを防ぐには，「人間は失敗するものである」という前提でその原因究明や対応策を講じるべきである。　　　　　　　　　　　　　　　　　　　（以上，第1段落）

　そもそも，大部分の過誤はヒューマンエラーによって起こるものである。人間の注意力には限界があり，疲労や錯覚によってミスを起こしやすい。特に，過酷な医療現場での勤務は疲労を生じやすい。また，混同しやすい薬品名や複雑な医療機器の操作，投薬に関する指示の行き違いなど，医療現場では混乱を引き起こす要因も多い。また，確認を怠ったままの業務が習慣となるなど安全管理上に問題がある医療現場もあり，それらが過誤の発生を助長している。

（以上，第2段落）

　ゆえに，起こりうる失敗を想定したうえで対策を講じるべきである。そのためには，あらかじめ発生しうるリスクを想定し，その対処法を考えることが大切だ。例えば，ヒヤリ・ハット事例を収集・分析して再発防止策を講じること，事故発生時のために危険予知訓練を行うこと，ダブルチェックの義務化などが挙げられる。また，誤用を招きやすい形をした医薬品には注意表示をする，薬品名を改善する，誤った薬品が投与できないように医療用具に工夫を凝らすといった，医薬品や医療用具の分野での改善も欠かせない。　　　　　　　（以上，第3段落）

解説　第1段落：意見の提示…人間は失敗するものだということを前提に，医療過誤の原因究明や対応策を講じる必要性を主張している。
　　第2段落：理由説明…多くの医療過誤はヒューマンエラーによって起こるものだと主張している。
　　第3段落：意見の再提示…発生しうるリスクを想定し，それに対する対処法を考えることによって，医療過誤への対策を講じることが必要だと述べている。

守秘義務

定義

　職務を遂行するうえで知った秘密は守らなければならないという義務のこと。医療従事者には業務上知り得た秘密を第三者に漏らさないことが求められている。医師は刑法上に，他の医療従事者はそれぞれの資格法上に規定されている。また精神保健医療や感染症医療，さらには臓器移植にかかわる際にも守秘義務規定が定められている。正当な理由なく職務上知り得た秘密を漏らした場合は処罰の対象となる。

必要性

　患者に対して適切な診断や治療を行うためには，医療従事者が患者から情報を得ることが不可欠である。一方で，チーム医療(p.51参照)や医療サービスの外部委託(p.51参照)，さらには電子カルテ(p.51参照)の活用などにより，医療にかかわる個人情報が扱われる範囲が医療機関の内外に広がることも多い。それだけ個人情報が漏えいする機会も増えるわけで，もし漏えいした場合には，患者の社会的な評価に影響する恐れもある。こうした事態を防ぐために，医療従事者は守秘義務を厳格に果たす必要がある。守秘義務は患者のプライバシー権(p.51参照)を尊重するためには絶対に欠かせない。

必要性の背景

　プライバシー権はもともと，みだりに私生活を公開されない権利として，おもにメディアによる私生活への干渉に対抗する目的で生まれた。いまでは人格権(p.51参照)として認められるようになり，患者の自己決定権(p.20参照)のもと，自己の情報は自分自身でコントロールするという積極的な権利として認識されている。日本国憲法には明文規定はないが，第13条(個人の尊重)によって保障されると解釈されている。

患者やその家族の人格を尊重することを念頭に置き，個人情報を適切かつ慎重に取り扱うことが，何にも増して必要である。そのためには，目的を明らかにして法令に基づいて収集すること，目的外の利用を制限すること，漏えいの防止に努めること，本人から個人データの開示を求められた時には応じることなど，情報を適正に管理することが欠かせない。

👉 小論文にする時のポイント ──────────────────●

守秘義務規定は患者の人権尊重のために置かれていること，患者やその家族から知り得た個人情報は慎重に取り扱わなければならないことを念頭に置いて論じる姿勢が必要となる。そして，個人情報は職務に必要な範囲内での使用に限ることに留意することは当然である。職場の様子をみだりに話すことは，たとえ親しい間柄であったとしても，個人情報の漏えいにつながる危険性が高い。

ただ，患者本人より情報開示を求められた時の判断は難しい。原則として開示に応じるべきだが，カルテの情報などのように，患者本人の心身の状況に影響を与える恐れがある場合もある。こうした場合は，その取り扱いを慎重に検討する必要がある。

📖 過去の入試問題例 ──────────────────●

例 医療者の守秘義務についてまとめよ。 (琉球大・医学部・保健学科)

例 「プライバシーの保護と患者の権利について」のテーマについてあなたの考えを述べよ。 (京都府立医科大・医学部・看護学科)

例 入院患者のプライバシー保護のため，いくつかの病院で各病室入り口における入院患者氏名の掲示を中止した。その後，入院患者や面会者より，「目的の病室がわかりにくく苦労した」，「病室を間違えそうになった」等の苦情もでている。各病室の入り口に入院患者の氏名を提示することの長所と短所について論じた上で，あなたの意見を述べよ。 (東京医科歯科大・歯学部・口腔保健学科)

☑ チーム医療

分担分野の異なる医療従事者が対等な立場で連携し，患者中心の医療を実現しようと協力する試みのこと。患者もチームの一員として捉えられている。医師の考えや指示だけで医療現場を動かすのではなく，医療従事者それぞれの立場からの提言・提案を共有し，患者にとってよりよい医療を提供することを目的とする。

また，看護師がまとめている看護記録とカルテ（診療録）の統合，医師以外の医療従事者の回診参加，カンファレンスの合同化といった具体的な試みが行われているところもある。

☑ 外部委託

企業や行政の業務のうち，経理・会計などの専門的なものについて，その遂行を外部の企業などの第三者に委託することをいう。医療機関でも医療事務や検体検査などを外部委託に頼ることが多い。ただ，特に医療機関内部などで統制が確立していない場合には，情報漏えいの原因となりやすい。

☑ 電子カルテ

医療行為に関して，その診療経過などを記録したものがカルテ（診療録）であるが，近年ではそれを紙に書くのではなく，電子データ化した電子カルテの導入が進んでいる。そうすることで，電子情報として一括して編集・管理し，データベースとして長期保存できるうえ，ネットワーク内の任意の場所で参照できる。

一方，停電時やシステムがダウンした時などには使用できなくなるので，それに対する対策が必要になる。また，悪意ある改変がなされても証拠が残りにくいという問題点もある。

☑ プライバシー権

プライバシー権とは，みだりに自分の私生活を公開されたり干渉されたりしない権利のことをいう。現代では，自己に関する情報を開示するか否かをコントロールすることができる権利も含めていうことが多い。

☑ 人格権

個人の人格的利益を保護するための権利のことであるが，具体的には憲法第13条の後段（幸福追求権）から導かれた基本的人権と理解されている。

答案例

問題 医療従事者の守秘義務と個人情報管理について，論じよ。**600字以内**

模範回答 適切な診断や治療を行うためには，医療従事者が患者から情報を得ることが欠かせないが，得た個人情報を保護するために医療従事者は守秘義務を果たす必要がある。つまり，守秘義務規定は患者の人権尊重，特に患者のプライバシー権を尊重するためには不可欠である。 (以上，第1段落)

プライバシー権はもともと，みだりに私生活を公開されない権利として，メディアによる私生活への干渉に対抗する目的で生まれた。現代では人格権として認められ，患者の自己決定権のもと，自己の情報を自身でコントロールするという積極的な権利として認識されている。 (以上，第2段落)

一方，チーム医療や医療サービスの外部委託，電子カルテの活用などにより，医療にかかわる個人情報を扱う範囲が医療機関の内外に広がりつつある。そのことで，個人情報が漏えいする機会も増えている。 (以上，第3段落)

そのような漏えいが起こらないようにするために，医療従事者は患者やその家族の人格を尊重することを念頭に，個人情報を適切かつ慎重に取り扱うことが必要だ。目的を明らかにして法令に基づいて収集すること，目的外の利用を制限すること，厳重な保管に努めること，職務に必要な範囲内での使用に限ることなど，個人情報を適正に管理することが欠かせない。 (以上，第4段落)

解説 第1段落：意見の提示…個人情報を保護して患者の人権を守るために，守秘義務は不可欠であると主張している。

第2段落：理由説明①…プライバシー権の尊重が求められる背景を説明している。

第3段落：理由説明②…医療現場における情報漏えいのリスクが高まっている現状を指摘している。

第4段落：意見の再提示…医療従事者は個人情報の取り扱いを慎重にすべきであり，適正に管理しなければならないと述べている。

2 医系・医療系学部特有のテーマ

　医歯薬系や看護・医療系学部の小論文では，それぞれの専門に特化したテーマが出題されることがある。ここではその中でも出題頻度が高い10テーマを厳選し，紹介する。

取り扱うテーマ

[医学部]

> 医師不足

> 地域医療

> 感染症

[歯学部]

> 歯科医師

> 口腔ケア

[薬学部]

> 薬剤師

> 薬　害

[看護学部]

> 看護職

> 赤ちゃんポスト

[リハビリテーション系学部]

> リハビリテーション

医師不足

定義

　医師の数が，医療現場の需要に対して不足することをいう。現在，わが国の医師の数は約33万人で，人口1000人あたり2.6人の割合になる(厚生労働省「医師・歯科医師・薬剤師調査の概況」2018年)。これは，OECD加盟国の平均(人口1000人あたり3.5人)よりも低い。

問題点

　医療の現場を離れる高齢の医師が増える一方で，新しく医師になる若者が増えないことが最大の原因である。それに加えて，女性医師の離職率の高さも問題視されている。医師の減少によって，患者が医療を受ける機会が減少することになる。特に，僻地（へきち）や人口過疎地では医師が足りず，医療自体が成り立たなくなっている地域もある。一方，医師不足によって，医師の労働環境の激化や悪化をもたらす結果にもなる。

問題点の背景

　長年続いた大学医学部の定員抑制が背景にある。1970年代に各県一医大構想や私大医学部の急増で医学部の定員が大幅に増えたため，医師や病院間で不当な競争が生まれると考えられていた。そこで1984年以降，医学部の定員を最大時に比べて7％削減し，医師数を抑制したのである。

　また，医師の高齢化により，退職する医師が増加している。一方で，新規に医師免許を取得する者が少なく，しかも，その数は年々減少してきている。つまり，不足する医師数を新規免許取得者で補うことができない状況である。この傾向は少子化に伴ってさらに深刻化する恐れがある。

　別の側面として，やむを得ず退職する医師も多い。その原因は，過酷な労働条件に耐えかねてという場合や，女性医師では家事・育児と医師業を両立できないという場合が多い。

対応策・解決策

　医師の数を増やすには，退職医師数を補う以上の数の医師を育成する必要がある。そのためには，医学部の定員増加が欠かせない。厚生労働省は国立大学医学部の入学者を増員することを予定しているが，安易に定員を増やすことだけでは医師の質の低下を招く恐れもある。よって，定員増と同時に，質の低下を防ぐ策を講じるべきである。例えば，定員増に見合っただけの教員の確保も同時に行い，行き届いた医学教育に努めるなどといったことである。

　また，保育施設の整備や短時間勤務による育児支援などをして，女性医師が育児と仕事を両立できる職場環境作りを考える必要がある。

👍 小論文にする時のポイント

　医師不足に関する問題点としては，「医師の絶対数の減少」「地方や僻地の医師不足(p.56参照)」「特定の診療科の医師不足(p.56参照)」のいずれかに絞られ，おもにその解決策を求められる。このうちの医師減少については，その背景に少子高齢化・女性の社会進出・政策上の問題(医師抑制政策，医師臨床研修制度など)があることを指摘するとともに，医師増加策は質の低下防止策とともに行うべきだという点を押さえて論じたい。「医師が足りないから，ともかく増やすべきだ」という短絡的な論述は避けなければいけない。

📝 過去の入試問題例

例　医師不足について述べた文章を読み，医師不足，医師の偏在に対して考えられる解決方法を述べよ。　　　　　　　　　　　　　　(奈良県立医大・医学部・医学科)

例　僻地での医師不足が問題化している。あなたの解決策を述べよ。

(関西医大・医学部・医学科)

例　地方や小児科・産婦人科の医師不足の原因について述べた文章を読み，病気になっても医者に診てもらえないという現状について，考えを述べよ。

(聖隷クリストファー大・看護学部)

☑ 地方や僻地の医師不足

　2004年から医師臨床研修制度改革により，研修医（右段参照）は研修先を選択できるようになった。その結果，彼らは教育訓練環境が整った都市部の病院に集中し，地方には行かなくなった。そのため地方の医療機関は，研修医と比べ報酬が高い中堅〜ベテランの医師の派遣を依頼せざるを得なくなり，経営面での圧迫要因となっている。また，24時間365日の拘束を要求する医療機関もあり，勤務を嫌がる医師も多い。こうした理由から，地方では診療体制を縮小化するほか，医師獲得を断念する病院や診療所も現れてきて，地方医療の大きな問題点になっている。

☑ 医　局

　おもに，大学の医学部・歯学部・病院などの各研究室や教室ごとのグループ組織のことをいうが，ここから転じて，大学医学部・歯学部の附属病院での診療科ごとの，教授を頂点とした人事組織のことをいうのが一般的である。2004年の医師臨床研修制度改革以前は，医局から大学病院や関連の病院へ医師などの人員を派遣することが多かったが，最近では各医療機関が独自で公募するケースも増えている。

☑ 研修医

　臨床研修期間中の医師や歯科医師のこと。法律上，研修医という資格はなく，研修期間中であっても，法律上は「医師」「歯科医師」である。医師法および歯科医師法によって規定され，診療に従事しようとする医師や歯科医師は，医科で2年以上，歯科では1年以上の臨床研修を受けなければならないと決められている。期間中，実地経験のない研修医は先輩医師の指導のもとに臨床経験（臨床研修）を積む。

☑ 特定の診療科の医師不足

　内科・外科・小児科・産科・救急は過酷な勤務や緊急の対応を強いられることが多いため，これらの診療科を志望する者が減少している。また，産科は法律面でリスクを負うケースがあるという認識から，産婦人科を婦人科のみにしたり，志望する診療科の対象外とすることが行われている。今後は，こうした診療科の実態をしっかり見極め，医師にかかる肉体的・精神的負担を軽減する方策を講じて，医師・患者双方が安心して診療・受診できる環境をつくらなければならない。

2 医系・医療系学部特有のテーマ

答案例

問題 医師不足の対応策を論じよ。**600字以内**

模範回答 医師不足は医療現場での大きな課題となっている。医師の減少は、医師の労働環境を悪化させるだけでなく、患者が医療を受ける機会の減少にもつながる。この問題に対しては、医師増加策と質の低下防止策を両立すべきだ。

(以上、第1段落)

この問題の原因には、長年続いた医学部定員の抑制策が背景にある。各県一大構想および私大医学部の急増で医学部の定員は大幅に増え、結果的に医師過剰状態となった。そこで一転して、医学部の定員を削減し、医師数を抑制したのだ。

(以上、第2段落)

また、医師の高齢化により引退する医師数が増加している一方で、新規に医師免許を取得する者が少なくなっている。つまり、不足する医師数を新規免許取得者で補うことができない状況にある。今後、少子化に伴ってこの傾向は深刻化する恐れがある。

(以上、第3段落)

医師を増加させるには、再び医学部の定員を増加する必要がある。しかし、その時留意しなければならないことは、数を増やすあまり医師の質の低下を招いてはならないということだ。定員増に見合った教員の確保を確実に行い、教育・指導体制を怠らないことが何より重要だ。また、女性医師の途中退職を減らすために、育児や家事と仕事とを両立できる職場作りも欠かせない。具体的には、保育施設の整備や短時間勤務による子育て支援などが考えられる。 (以上、第4段落)

解説 第1段落：意見の提示…医師不足による問題点とその解決策を、概括的に示している。

第2段落：理由説明①…医師不足の現状を招いている原因の一つは、医学部の定員抑制策であると指摘している。

第3段落：理由説明②…医師不足のもう一つの原因として、高齢などにより辞めていく医師の数よりも、新しく医師になろうとする若者の方が少ないことを挙げている。

第4段落：意見の再提示…医師不足に対する対応策を具体的に示している。

地域医療

定義

地域医療とは，病院など医療機関での病気の治療やケアだけにとどまらないで，医師や医療従事者が地域の住民に働きかけて，病気の予防（予防医療；p.60参照）や健康の維持・増進のために活動を行うことを指す。これは，治療中心の医療から住民の QOL (p.26参照) 向上のための医療への転換を試みるものといえる。医師は地方自治体や地域住民，あるいはほかの医療従事者や福祉従事者(p.60参照)などと連携し，医療活動を行う。

必要性

地域医療の活動内容は幅広い。集団健康診断や予防接種といった予防医療のみならず，リハビリテーションや在宅療養のサポート，高齢者・障害者支援，妊婦の保健指導や相談などまで広範囲である。こうした活動は医師や医療機関が単独で行うのではなく，地域の行政や住民組織と協力して進めていくことが何よりも重要である。地域医療は，医療を通じて社会の民主化や住民自治を推進し，医師や医療機関と地域住民が協働してよりよい地域社会を築いていくことを目指す活動であるともいえる。

必要性の背景

農山漁村など，施設が十分ではない地方の医療環境の水準を高める必要があったことが背景にある。これらの地域には病院・診療所・医師が少なく，二次・三次医療機関(p.60参照)も限られるなど，都市部と比べると医療環境は格段に劣っているといわざるを得ない。こうした状況の下で医療活動を展開するには，地域住民と密着しながら予防医療による疾病の早期発見・早期治療を行うことによって，二次・三次医療が必要な患者をできるだけ少なくすることが求められた。それとともに，必要な場合に備えた医療機関の連携が望まれた。

対応策・解決策

　2004年の臨床研修制度改革で研修医が研修地を選択できるようになったことが影響して，地方では医師を確保しにくくなった。その結果，地方で勤務する医師に過大な負担を強いる状況に陥っている。また，三位一体の改革（p.60参照）による地方交付税の減額などが影響して，赤字の医療機関を支えきれない事態に陥った自治体もある。その結果として，病院・診療所・診療科の閉鎖を余儀なくされているところも多い。こうした事態に対しては，医師の増員だけでなく，医師の負担の軽減や医療機関の負担の分散（一次医療を担う家庭医と，二次・三次医療を担う専門医とで役割分担をする），病院経営を立て直すことなどが必要である。

👉 小論文にする時のポイント

　出題の多くは，地域医療に関する問題点を指摘させるものである。その際には，単に医師不足という観点だけでなく，それに伴って起こっている医師や医療機関の負担，医療機関の経営難など，幅広い視点から問題点を指摘しておきたい。また，解決策として，「地方の医師不足が問題だから，増やすように国や地方自治体に働きかけるべきだ」「国や自治体は，地方の病院や診療所に金銭的な支援をすべきだ」などといった国や地方自治体だけに依存する対応策は，国家・地方財政を考えるとなかなか難しく，安易に述べるべきではないだろう。

🗒 過去の入試問題例

例　地域医療を崩壊させないための医療の集約化に伴う弊害とその対策について，
　　それぞれ述べよ。　　　　　　　　　　　　　　　　（岐阜大・医学部・医学科）

例　富山県の特徴は何だろうか。それが地域医療にどのような影響をもたらして
　　いるのか，述べよ。　　　　　　　　　　　　　　　（富山大・医学部・医学科）

例　「三重県要覧〈健康・医療〉〈人口・世帯〉」から，三重県の9地域の医師数，
　　人口等のデータを読み，地域医療の問題点を挙げ，どのような対策を取ればよ

いと思うかを述べよ。

（三重大・医学部・医学科）

🔑 関連キーワード

☑ 予防医療

疾病の原因を捉え，それをもとに予防策を講じることをいう。健康診断・人間ドック・予防接種などはわかりやすい形の予防医療である。予防医療は，疾病の予防や健康への啓発を行う第一次予防のほか，疾病の早期発見とそれに対する処置など重症化を防ぐための第二次予防，疾病の再発防止策を講じたりリハビリテーションなどで機能回復を行う第三次予防に分類できる。

☑ 福祉従事者（福祉職）

福祉業務に従事する人を総合していう。彼らは，児童福祉施設・女性福祉施設・高齢者福祉施設・障害者福祉施設などに勤務する。おもに行う仕事の内容によって，社会福祉士，介護福祉士，精神保健福祉士，保育士，介護支援専門員（ケアマネージャー），訪問介護員（ホームヘルパー）などに分けられている。

☑ 一次医療機関・二次医療機関・三次医療機関

一次医療機関とは，軽度の症状の患者に対応する医療機関を指す。一方，二次医療機関は診療所や開業医などでは扱うのが困難な病気や，入院・手術が必要な患者に対応する医療機関を指す。また三次医療機関は，二次医療機関で対応できない脳卒中・心筋梗塞・頭部損傷など重篤な患者に対応する医療機関を指す。本来は，上記のように医療機関の役割分担がなされているのであるが，軽度の病気であっても二次・三次医療機関で受診する人が多く，問題となっている。

☑ 三位一体の改革

国と地方公共団体に関する行財政システムに関する3領域，すなわち，国庫補助負担金の廃止・縮減，地方への税財源の移譲，地方交付税の見直しを，一体的に行うことをいう。2001年に小泉純一郎内閣において「地方でできることは地方に，民間でできることは民間に」という考え方のもと，小さな政府論を提唱し，国庫補助金改革と税源移譲による地方分権，および地方交付税の削減による財政再建をセットで行うこととした。

答案例

問題 地域医療の意義と問題点について，意見を述べよ。**600字以内**

模範回答 住民の健康の維持や増進を，地域内で協同して目指す医療関連活動が地域医療である。医療機関での医療は治療が主だが，地域医療では予防医療も重視されるので，治療中心の医療から住民のQOL向上のための医療への転換といえる。その意味でも地域医療は期待されている。　　　　　　　　（以上，第1段落）

　地域医療が求められるのは，農山村など地方の医療環境の水準を高める必要があったからである。農山村には病院・診療所・医師が少なく，二次・三次医療機関も限られる。こうした状況下で医療を展開するには，地域住民に密着し，予防医療による疾病の早期発見・早期治療を行うことが必要だった。二次・三次医療が必要な患者を極力減らし，必要な場合に備えた医療機関の連携が望まれた。地域で総合的な医療を展開するためには，都市部で見られる専門医療体制とは異なる体系や視点で医療を推進する必要があった。　　　　　　（以上，第2段落）

　しかしながら，臨床研修制度改革による地方の医師不足により，勤務する医師に過大な負担を強いている。また，赤字の医療機関を支えきれなくなった自治体もあり，病院・診療所・診療科の閉鎖が起こる事態となっている。こうしたことに対応するためには，医師の増員だけでなく，医師の負担の軽減，医療機関の負担分散，病院経営を立て直すことなどが必要である。　　　　　（以上，第3段落）

解説 第1段落：意見の提示…地域医療の定義を示すとともに，その必要性を述べている。
　第2段落：理由説明…地域医療が求められる理由を，かなり具体的に，かつ丁寧に説明している。
　第3段落：意見の再提示…地域医療の現在の問題点を説明し，それの改善に向けた提案を示すことで自分の意見を再提示している。

感染症

出題頻度 → 医 ★ ★　看 薬 ★

定義

　ウイルス・細菌・真菌・リケッチアなどの病原微生物が口や皮膚から生体内に侵入して増殖したり，毒素を出したりして起こす病気のことをいう。感染症と伝染病はほぼ同義であるが，伝染病は特に病気を起こした個体（ヒトや動物など）から別の個体へと病原体が移り，感染症が連鎖的に拡大するものをいう。人と物が世界的に行き交う現代においては，感染症も世界的な流行となりやすくなっている。

問題点

　ヒトや動物の体内に侵入して定着したあと増殖する病原体がある。こうした病原体は体内で組織を破壊したり，毒素によって体に悪影響を与えたりするので，病気が発症するのである。感染症の種類によっては，ワクチン（p.64参照）を接種することで発症を防ぐことができるが，インフルエンザウイルスのように，ウイルスの型が適合しない時にはワクチンが効かないこともあるので，万能というわけではない。また，ワクチンを接種したことによる副作用も問題となっている。

　病原体によっては伝染するものもあり，被害が拡大する恐れがあるので注意が必要となる。インフルエンザや結核（p.64参照）などの感染症は，感染者の咳やくしゃみを吸入することで飛沫感染する。また，マラリア（p.64参照）やデング熱（p.65参照）などは，蚊などの昆虫や動物を媒介として感染する。

問題点の背景

　結核のように，発生が一時期減少していたものが再び勢いを盛り返した感染症（これを再興感染症という）がある。また，MRSA（p.65参照）のように，感染症の病原体が耐性を持ったり強毒化したりすることがある（これ

を薬剤耐性菌という)。このような感染症の対策は難しく，被害が拡大しやすい。

　また，エイズやエボラ出血熱(p.65参照)，新型コロナウイルス(p.66参照)などといった新興感染症の発生にも注意しなければならない。これらにはワクチンや治療法が整備されていないものが多くあり，感染による被害拡大が心配される。

対応策・解決策

　感染症の多くは，安静・休養・栄養や水分補給によって免疫機能を回復させることで，ある程度の時間がたてば自然に治る。しかし，特に先進諸国においては，治癒を早めたり，完治を徹底したり，後遺症を予防したりする目的で，抗生物質や抗菌薬による治療が多く行われる。このような薬品による感染症の治療は，薬剤耐性菌や強毒化したウイルスを生む恐れがあるので，慎重になされなければいけない。

　その意味で，感染症を予防する対策や抗生物質を使わない対策を講じることを優先したい。例えば，感染症の原因となる細菌やウイルスなどを体内に入れないようにすることを目的として，感染症の正しい知識と対応策を伝える活動などを実施すること，予防接種を実施することなどが挙げられる。

　また，病原体が体内に入っても，免疫がはたらけば発症しないですむ場合が多い。だが，抵抗力が落ちている場合に感染すると，免疫がはたらかずに発症しやすい。その意味で，普段から体力を養い，抵抗力をつけておく必要がある。

👉 小論文にする時のポイント

　感染症に対する対策が主として問われる。この時，その対策を単純に抗生物質などの薬剤投与だけに求めることは，耐性菌を生み出す原因となりうるので慎重でありたいという立場から論じたい。あくまでも感染症への備えは，感染症の原因となる細菌やウイルスなどを体内に入れないことを第一とし，それを補う意味

から規則正しい生活や十分な睡眠と食事，適度の運動などによる基礎体力と抵抗力の維持に努め，またワクチン接種も行うという立場が望ましいであろう。

過去の入試問題例

例 大学生の間で感染症が流行している背景に，副作用を怖れた保護者が予防接種を控えさせたことがあるとの考えに対してどう思うか，述べよ。

（香川大・医学部・医学科）

例 高病原性鳥インフルエンザなどの新興感染症が人類の脅威になる可能性が指摘されている。新興感染症が出現する理由とその対策について，あなたの考えを述べよ。

（富山大・薬学部）

関連キーワード

☑ ワクチン

ヒトなどの動物に接種して感染症の予防に用いる医薬品のことをいう。毒性をなくしたり，弱めたりした病原体から作った弱い病原体を注入して体内に抗体を作ることで，その後の感染症にかかりにくくする。あくまでも「かかりにくくする」ためのものであって，100％かからないというわけではない。

☑ 結 核

結核菌によって引き起こされる感染症。結核菌は1882年に細菌学者コッホによって発見された。空気感染などにより感染するため肺などの呼吸器官で発症する（肺結核）ことが多いが，神経

やリンパ組織・骨・関節などにも感染する。全世界で毎年約800万人の新しい結核患者が発生し，約300万人が死亡している。日本では「昔の病気」と思われているが，毎年約3万人の新たな患者が発生している。

☑ マラリア

蚊によって媒介されるマラリア原虫が人体内に侵入して起こす疾患のことをいう。症状はおもに発熱で，短期間で重症化し，時には死に至ることもある。世界保健機関（WHO）によると，年間3〜5億人の患者と，150〜270万人の死亡者が推計されているが，その大部分はアフリカの5歳未満の小児で

あるとしている。それ以外にも東南アジアや南アジア，南太平洋諸島や中南米などで多くの発症例がある。

　なお，現在のところマラリア原虫に対するワクチンは存在しないので，蚊に刺されないことが最も有効な予防策となっている。予防薬もなくはないが完全ではなく，日本では予防投薬自体を厚生労働省が認可していない。

☑ デング熱

　デングウイルスを保有した蚊（ネッタイシマカ，ヒトスジシマカ）を介して起こる感染症のことをいう。非致死性でインフルエンザのような高熱を引き起こすデング熱と，高熱と同時に皮膚の点状出血や鼻，口腔粘膜などの出血を引き起こし，重篤な場合は死に至るデング出血熱やデングショック症候群の2つの病態がある。

　熱帯や亜熱帯の地域で見られ，世界保健機関の推計では，毎年5000万人が感染している。そのうちデング出血熱で入院が必要な患者数は小児を中心に50万人にものぼり，そのうちの2.5％が死亡するとしている。予防ワクチンは実用化されておらず，予防薬も存在しないことから，蚊の繁殖を抑えることが最大の対応策である。

☑ MRSA

　抗生物質メチシリンに対する薬剤耐性をもった黄色ブドウ球菌の意味であるが，実際は多くの抗生物質に耐性を示す多剤耐性菌である。免疫機能が低下したヒトに感染すると常在細菌が増殖し，病気を引き起こすことがある。いろいろな薬剤の使用が多い病院で見られることが多く（耐性菌は抗生物質の乱用により出現するという主張もある），院内感染の一因と考えられている。

☑ エイズ（HIV 感染症）

　正式には AIDS（後天性免疫不全症候群）といい，HIV（ヒト免疫不全ウイルス＝通称エイズウイルス）の感染によって引き起こされる病気のこと。HIV に感染してもすぐにエイズを発症するわけではない。エイズを発症すると免疫機能が弱まり，健康時には問題にならない種類のかびや細菌などの病原体による感染症や悪性腫瘍，神経障害などの症状が現れやすい。

☑ エボラ出血熱

　エボラウイルスによって発症する急性ウイルス性感染症のことをいう。アフリカ中央部および西アフリカで発症している。患者の血液・分泌物・排泄物・飛沫などが感染源であり，死亡患者からも感染する。潜伏期間は 2〜21

日で，発熱・頭痛・筋肉痛などインフルエンザのような症状で急に発症する。発症後6～9日目に激しい出血とショック症状を呈して死亡に至る。致死率は患者の50％程度と高く，確立した治療法やワクチンはない。

☑ SARS（重症急性呼吸器症候群）

2003年に流行したSARSコロナウイルスによる感染症のことをいう。中国南部で初めて報告された。患者の飛沫などを通じて感染する。潜伏期間は2～10日で，発熱・咳・筋肉痛などを発症し，さらに急性肺炎を引き起こし死亡に至るケースもある。2003年に世界保健機関（WHO）から流行の収束宣言がなされた。

☑ MERS（中東呼吸器症候群）

2012年に発生したMERSコロナウイルスによる感染症のことをいう。サウジアラビアで初めて報告されて以来中東諸国を中心に感染者が増加し，その後韓国などでも大流行した。人から人への感染は濃厚接触者に限られる。潜伏期間は2～14日で，発熱・咳などを発症し下痢などを伴うこともある。致死率は約35％と高く，確立した治療法やワクチンはない。

☑ 新型コロナウイルス感染症（COVID-19）

2020年に流行した新型コロナウイルスによる感染症のことをいう。中国南部で初めて感染が報告され，全世界に流行した。患者の飛沫や接触などにより感染する。潜伏期間は1～14日で，発熱・咳などを発症し，肺炎などを引き起こし死亡に至るケースもある。世界各地で外出禁止措置がとられるなどし，同年に予定されていた東京オリンピック・パラリンピックも延期された。

☑ PCR検査

PCR法（ポリメラーゼ連鎖反応）を用いてウイルスの遺伝子を増殖し，その有無を検出する方法のことをいう。PCR法は，特定のDNA断片を，酵素ポリメラーゼを用いて大量に複製する方法で，遺伝子研究の重要な手法の一つである。この方法を発見したアメリカの生化学者キャリー・マリスは，1993年にノーベル化学賞を受賞している。

☑ パンデミック

感染症の世界的な大流行のことをいう。古くは，14世紀のペストや19世紀から20世紀にかけてのコレラの流行などがこれにあたる。世界保健機関（WHO）は，感染症の流行の状況を6

段階に分類しており，パンデミックはその最終段階にあたる。2020年，新型コロナウイルス感染症(COVID-19)の流行に対し，パンデミックが宣言された。

☑公衆衛生

社会一般の人々の健康を保持，増進させるために行われる組織的な衛生活動のことをいう。アメリカの公衆衛生学者ウインスロウは，公衆衛生を「共同社会の組織的な努力を通じて，疾病を予防し，寿命を延長し，身体的・精神的健康と能率の増進をはかる科学・技術である」と定義している。具体的内容としては，上下水道の整備，公害対策，都市計画，感染症予防，成人病対策，精神衛生，食品衛生，労働衛生など多岐にわたる。

答案例

問題 感染症の対処法について，論じよ。**600字以内**

模範回答 感染症はワクチンを接種することで発症を予防できるが，万能ではない。また，ワクチンの存在しない新興感染症が流行することもある。感染症対策で最も肝心なのは，原因となる病原体を体内に入れないことであると考える。

(以上，第1段落)

こう考える背景には，再興感染症や新興感染症対策が難しいことがある。結核のように，発症が一時期減少していたものの再び発症する人の数が増えた感染症については，免疫を備えている人が少なく感染が広がりやすい。また，エイズやエボラ出血熱のような新興感染症では，ワクチンや治療法が未開発のものが多く，感染による被害拡大が危ぶまれる。このように，ワクチンや治療による対策では，完全に対処することが困難である。

(以上，第2段落)

また一方で，感染症の治療に抗生物質などを無闇に使用することは，耐性菌や強毒化したウイルスを生む恐れがあるので，慎重になされるべきである。そういう意味から，感染症を予防する対策や抗生物質を使わない対策を講じることを優先すべきと考える。例えば，感染症の原因となる細菌やウイルスなどを体内に入れないようにすることを目的として，感染症の正しい知識と対応策を伝える活動などを実施することが挙げられる。また，仮に細菌やウイルスが体内に入った時にも発症しないだけの体力や抵抗力をつけておくことも必要だ。

(以上，第3段落)

解説 第1段落：意見の提示…感染症の対策として肝心なことは，原因となる病原体を体内に入れないことだと主張している。

第2段落：理由説明…再興感染症や新興感染症対策の難しさを根拠にして，自分の主張の正しさを説明している。

第3段落：意見の再提示…感染症の対処法を具体的に示して意見をまとめている。

⟩ 歯科医師

定義

　歯または歯に関連した組織に関する疾患に対する医療を行う医師のことをいう。医療法により歯科医師は，一般歯科・矯正歯科・小児歯科・歯科口腔外科(p.71参照)の4つの診療科に分類することができる。ほかにも審美歯科・補綴科(p.71参照)などといった特別な診療科を持つ歯科医院や大学附属病院もある。

必要性

　歯は，消化や嚥下(p.75参照)をしやすくするために食べ物を噛み砕く役割を担う。その意味で，栄養を食べ物から摂取する人間にとって，歯は重要な役割を担っているといえる。歯の治療や矯正を通して歯の機能を維持することで，人々の健康を支援するのが歯科医師の役割である。

必要性の背景

　歯科医師の役割は歯の治療だけではない。歯や口腔の健康維持を支援して，人々の健康を保つことである。歯を使って食べ物を摂取することで，毎日の食事が楽しくとれる。また，口腔内を清潔に保つことで口腔内細菌が全身に運ばれることを防ぎ，健康の維持にはたらく。さらに，歯の咬み合わせが悪いと，口の周りの筋肉の緊張による肩こりや頭痛が起こりやすく，歯に余分な力が加わるので歯の寿命を短くする原因となる。矯正歯科ではそれを改善する。歯科医師は，このようなさまざまな歯科医療を通して人々の健康維持や増進に尽くしている。

対応策・解決策

　今後は人口構造が変化し，高齢者の増加と子どもの減少が起こることが予想されている。歯科医師は，こうした社会変化にも対応した歯科医療を

69

展開することが求められている。

　歯科医師が成人に提供すべき医療サービスは，健康な口腔を育成することであるが，特に高齢者には口腔内の病気の発生を予防し，健康な歯をできる限り維持するための手助けが求められる。そのためには高齢者特有の生活習慣と口腔疾患に関する深い理解が必要である。さらには，より審美性を追求する高齢者も増えていることから，若々しさを維持するための歯科医療も求められる。

　このように，年齢層ごとに求められる歯科医療の内容が異なりつつあるので，それぞれに合った医療内容を提供し，生涯における健康と QOL の維持を支援していくことが歯科医師に求められている。

👍 小論文にする時のポイント ───────────●

　歯科医師の社会的意義を問うもののほかに，人口構造の変化（特に高齢化）を見据えた歯科医療のあり方を問うものが主として出題される。歯科医療を通して人々の QOL を向上させることが歯科医師の社会的役割であること，そのためには社会的変化や要求を正しく捉え，生涯における健康と QOL の維持を支援するという方向で論じたい。「歯の健康を守る手助けをすることで，人々を幸せにする」といった表現で示すことも否定はしないが，内容や表現のしかたによっては表面的・感情的であると評価される可能性もあるので，ある程度の深まりのある論述にしたい。

📋 過去の入試問題例 ───────────●

例 「歯科医師」の職業にどのような「社会における役割」と「自分自身のやりがい」を想起するか。　　　　　　　　　　　　　　　（大阪歯科大・歯学部）

例 高齢化社会の到来によって医療はどのように変わっていくと考えるか。また，歯科医師はその変化にどのように対応すべきか。　　　　　（松本歯科大・歯学部）

🔍 関連キーワード

☑ 一般歯科・矯正歯科・歯科口腔外科・小児歯科

　一般歯科は，う蝕(虫歯)や歯周病などの口腔内の疾患を受け持つ。矯正歯科は，歯を正常な位置に移動させたり顎骨の形を矯正したりして，不正咬合や顎変形症を治療する。歯科口腔外科は，顎や口腔の外科処置をする診療科のことである。また，小児を専門に治療するのが小児歯科である。

☑ 審美歯科・補綴科

　審美歯科とは，歯・顎・口腔を形態的・色彩的・機能的に美しく保つことを目的とした医療を行う診療科である。一方，補綴科は欠損した歯を義歯・クラウン・ブリッジなどで補う医療を専門に行う診療科のことである。

☑ 8020運動

　8020は「ハチ・マル・ニイ・マル」と読み，80歳になっても20本以上の自分の歯を保とうという運動である。1989年，厚生省(現在の厚生労働省)と日本歯科医師会が提唱し，自治体・各種団体・企業，そして広く国民に呼びかけられた。80歳で20本の根拠は，智歯(親知らず)を除く28本の歯のうち，少なくとも20本以上自分の歯があれば

ほとんどの食べ物を噛み砕くことができ，おいしく食べられると考えられていることにある。

☑ インプラント矯正

　一般的に歯科でインプラントといえば，歯を失った部分にチタン製の人工歯根を埋め込み，その上に人工の歯をつくることを意味している。これに対して矯正用のインプラントは，歯の矯正(移動)のためだけに用いる目的で作られているので，歯の移動方向や移動量などに合わせさまざまな部位に埋め込めるようになっていて，治療(矯正)後には取り除かれる。

　この方法によると，インプラント以前の矯正治療法では困難であった歯の動きが可能となるほか，歯を抜かなくて済むというメリットもある。

☑ 人工歯

　失った天然歯(自分の歯)の代わりに作られた人工の歯のこと。一般には，入れ歯に使用されている歯がよく知られている。咀嚼能率が高い，装着感がよいといったメリットがある一方で，審美性に劣る，義歯の側方移動が起こりやすい，使用感が自然でない，といったデメリットが指摘されている。

答案例

問題 歯科医師の社会的役割と，今後の歯科医師のあり方について，論じよ。

600字以内

模範回答 歯は，消化や嚥下を助けるために食べ物を噛み砕く役割を担う。栄養を食べ物から摂取する人間にとって歯は重要である。歯の治療や矯正を通して人々の健康維持を支援するのが歯科医師の役割である。 (以上，第1段落)

歯科医師の役割は歯の治療だけではない。歯や口腔の管理全般を通して人々の健康を保つこともそうである。歯で食べ物を摂取できるようにすることで，毎日の食事が楽しくとれる。また，口腔内を清潔に保つことで口腔内細菌が全身に運ばれるのを防ぎ，健康維持に役立つ。咬み合わせを正常に保つことにより，肩こりや頭痛を防いだり，歯の寿命を長くすることができる。歯科医師は，このような歯科医療により人々のQOLを保つことを通して，社会に貢献しているのである。 (以上，第2段落)

今後は高齢者の増加や子供の減少が起こることが予想される。歯科医師はこうした変化にも対応した医療を展開することが求められている。例えば，口腔内の病気の発生を予防し，健康な歯をできる限り維持するために，高齢者特有の生活習慣と口腔疾患に関する深い理解が必要である。つまり，年齢層ごとに求められる歯科医療の内容が異なるゆえ，社会の変化を的確に捉え，歯科医療にも反映させることが必要だ。こうした活動が生涯における健康とQOLの維持を支援することにつながると考える。 (以上，第3段落)

解説 第1段落：意見の提示…歯のはたらきが重要なことと，歯科医師の社会的役割を述べている。
第2段落：理由説明…歯科医師が，具体的にどのように社会的役割を果たしているのかを説明している。
第3段落：意見の再提示…今後の社会構造の変化に触れつつ，歯科医師もその変化に対応した取り組みをすることが重要であると述べている。

口腔ケア

出題頻度 → 歯 ★ ★

定義

　口腔ケアとは，口腔の清掃など，口腔内の環境を良好に保つために行う手当てのことを指す。最近では，歯石の除去や義歯の調整・修理・手入れのほか，歯へのフッ素化合物の塗布(p.75参照)，さらには摂食・嚥下(p.75参照)・咀嚼訓練といったものまで行われている。

必要性

　口腔ケアの最大の目的は，口腔清掃(p.75参照)を通して，できるだけ口腔内の細菌を減少させることにある。そのことによって対象者に爽快感や心地よさを与えるほか，口腔内の組織(歯や歯肉)の老化や劣化の進行を遅らせ，さらにう蝕(虫歯)や歯周病(p.75参照)を防ぐことにも役立つ。また，口腔リハビリテーション(p.75参照)を行うことによって，口腔機能の回復のほか，その周囲の感覚を取り戻して嚥下障害を改善することにも効果が期待できる。

必要性の背景

　口腔ケアを継続的に行うことには，ほかにもメリットがある。例えば，口腔内の問題や口腔環境の悪化によって食べ物や液体などが正常に飲み込めず，細菌とともに気管支に入り込んで肺炎を起こすことがある(嚥下性肺炎)。リハビリテーションを含む口腔ケアを行っていれば，こうした危険を予防できるだろう。またこれとは逆に，身体の他の部位の疾患が口腔に悪影響を及ぼすことがある。脳腫瘍によって歯と舌に痛みが走ったり，白血病によって歯肉の出血が止まらなかったりするなどといったことはその例である。口腔ケアを行っている過程でこうした症状をいち早く捉えることで，身体の他の部位の疾患を発見することもできるようになる。このように，口腔ケアは予防医療(p.60参照)の役割も担っている。

　今後，高齢者が増加するのに伴い，これまで以上に口腔ケアは重要な役割を担うだろう。つまり，**対象者の状況や病態を捉え，適切な口腔ケアを実践することが求められるのである**。例えば，高齢の被介護者であれば，体力の衰えにより細菌などに感染しやすいと考えられるので，ケアの際には誤嚥を防ぐ配慮や誤嚥防止訓練が必要だと判断できる。また，歯ブラシだけでなく，口腔用スポンジや綿棒を用いて口腔清掃を行うなど，工夫も必要となるだろう。このように，高齢の被介護者など身の自由のききにくい対象者には，特に QOL の向上に向けた取り組みが求められる。

👍 小論文にする時のポイント

　この分野の課題では，口腔ケアの効果について論じさせるものが多いが，なかでも特に高齢者医療や介護と関連づけて出題するものが目立つ。単に口腔清掃による歯の健康維持という観点だけにとどまるのではなく，身体の他の部位の疾患の予防と発見との関連にも目を向けて，口腔ケアは予防医療の役割を担っている点まで言及したい。

📑 過去の入試問題例

例　ヒトの口腔の健康を保つことは，食物を摂取するためだけでなく，会話を楽しむことや喜怒哀楽を表現することなどで豊かな人生を送るためにも重要である。口腔の病気や口腔に関連した悩みは，身体的あるいは精神的に影響を及ぼして健やかな社会生活を営むことに障害となることもある。そこで，歯科医師が患者の口腔のさまざまな障害を治療することによって，どのような効果が上がるかについて述べよ。　　　　　　　　　　　　　　　（日本大・歯学部・歯学科）

例　口腔ケアは肺炎などの病気から高齢者を守ることができると述べた英文を読み，後期高齢者医療において歯科医療が果たすべき役割について，あなたの考えを述べよ。　　　　　　　　　　　　　　　　　　（岡山大・歯学部・歯学科）

🔎 **関連キーワード**

☑ フッ素化合物の塗布

フッ素化合物は歯表面のエナメル質の95%以上を占めるハイドロキシアパタイトの結晶に結合する性質をもつ。したがって，歯にフッ素化合物を塗布することによって歯のエナメル質の脱石灰化を減らし，歯質を強化してう蝕（虫歯）を防ぐ効果があるとされている。

☑ 嚥下（えんげ）

歯で咀嚼（噛み砕くこと）された食べ物が，舌のはたらきで咽頭に送られ，さらに反射（特定の刺激に対して，無意識に反応すること）によって食道へ送り込まれて胃まで達する一連の過程のことをいう。加齢によって起こる歯の脱落や口腔の乾燥によって，嚥下機能が低下することがある。

☑ 口腔清掃

歯ブラシや補助器具（口腔内スポンジ・綿棒・歯間ブラシ・デンタルフロスなど）を用いて，口腔を清掃すること。これによって，口腔内の細菌や歯垢，舌苔（ぜったい）（舌に細菌や食べカス，粘膜のカスが付着して生じた白い苔状のもの）を取り除き，う蝕（虫歯）や歯周疾患を防ぐのに役立つ。

☑ 歯周病

歯周組織に発生する疾患の総称のことをいう。歯垢が原因であることが多い。歯周病のうち，歯肉に炎症が起こる病気を歯肉炎，ほかの歯周組織にまで炎症が広がっている場合を歯周炎といい，これらが歯周病の二大疾患である。

☑ 口腔リハビリテーション

嚥下障害など，口腔機能が低下した対象者へ行うリハビリテーションのことをいう。唇・頰・舌の運動訓練のほか，声帯の発声の訓練，訓練食を用いた嚥下訓練，歯ブラシや手指によるマッサージなどがおもな内容である。

答案例

問題 口腔ケアが果たす役割について，論じよ。**600字以内**

模範回答 口腔ケアの基本は，口腔清掃と口腔リハビリテーションである。口腔清掃を通してできるだけ口腔内の細菌を減少させることで，爽快感や心地よさを与え，口腔内の組織の老化や劣化，う蝕や歯周病を防ぐことができる。また，口腔リハビリテーションを通して，口腔機能やその周囲の感覚を取り戻し，嚥下障害を改善する役割を担う。 (以上，第1段落)

口腔内の問題や口腔環境の悪化が身体の他の部分の疾患を引き起こすことがある。例えば，食べ物や液体が正常に飲み込めず，細菌とともに気管支に入り込んで肺炎を起こすことがあるが，リハビリテーションを含む口腔ケアを行えばこうした危険を予防できる。また，身体の他の部分の疾患が口腔に症状を引き起こすことがある。脳腫瘍により歯と舌に痛みが出たり，白血病により歯肉の出血が止まらなかったりするなどはその例である。口腔ケアの時にこうした症状をいち早く捉えることで，他の部分のもっと大きな疾患を発見することもできる。このように，口腔ケアは予防医療の役割も担っている。 (以上，第2段落)

今後は高齢者の増加に伴い，口腔ケアはより重要な役割を担うだろう。対象者の状況や病態を的確に捉え，適切な口腔ケアを実践することが必要だ。高齢の対象者に対しては，特にQOLの向上に向けた取り組みが求められる。

(以上，第3段落)

解説 第1段落：意見の提示…口腔ケアの役割について，いくつかの具体例を挙げて説明している。
第2段落：理由説明…口腔ケアが必要である理由を述べるとともに，予防医療の役割も担っていることを説明している。
第3段落：意見の再提示…今後，口腔ケアはより重要な役割を担うであろうことを述べ，そのあり方にも言及している。

薬剤師

定義

　医師の処方箋(p.79参照)によって医薬品を調剤したり，調剤はしないがドラッグストアなどの店頭で一般の人に医薬品を説明したり販売したりする資格を持つ人のことをいう。薬剤師でない者は販売の目的で医薬品を調剤(p.79参照)することはできない。そのため，医師・歯科医師・獣医師が自ら調剤するケースを除き，調剤は薬剤師の専業(p.79参照)である。

必要性

　日本では医薬分業(p.79参照)制度を取り入れているが，すべての医療機関で行われるところまでにはなっていない。医薬分業を行う意義としては，薬剤師が医師の処方内容を確認したうえで調剤し，さらに患者に薬の効能や副作用，用法などを説明したうえで手渡すことによって，医療の質の向上を図ることにある。また，薬剤師は医師の処方内容を確認して調剤を行う際，患者個々人の薬歴の管理を行う。

必要性の背景

　医薬品は患者の体を正常な状態に戻すのにはたらき，健康を維持するためには欠かせない。薬剤師は医薬品一般について広範な知識を持っていて，処方された医薬品の内容や服用法について患者に説明することができる。そのことによって，患者が自分の服用する医薬品を正しく理解でき，納得して薬を用いることを促すことになる。

　また，薬は使用方法を誤ると悪影響を及ぼしたり，場合によっては生命の危機にもつながる。こうしたリスクをできる限りなくすことが必要である。そのため薬剤師は，処方内容が適切か，患者が他の病院で同じ成分の薬を投薬されていないか，複数の薬を服用しても悪影響を及ぼさないかなどを確認しながら，服薬指導を行うことが求められている。

こうして薬剤師が患者個々人の医薬品のチェックや管理を行うことで，患者の安全を保つことができる。結果として，患者のQOL（p.26参照）を向上させることにもつながる。

対応策・解決策

今後，医療技術の高度化に伴い，薬学の専門家としての視点から医師の処方に対する提案やチェックがこれまで以上に重要な位置づけとなるだろう。例えば，医薬品に関する専門家としての立場から，チーム医療の一員として，患者の医薬品投与に関してアドバイスを行うことなどが考えられる。

また，患者が自らの医療に対して主体的に関与しようとする場面が増えつつあり，医薬品に関する専門家として中立的な立場から患者へアドバイスを与えたり支援をすることが求められるようになってきている。例えば，最近では後発薬（ジェネリック医薬品；p.80参照）を推進する動きが高まっているが，こうした医薬品を用いたいという患者も増えてきた。こうした場合，薬剤師は後発薬の利点だけでなく欠点も患者に伝えることで，患者が納得した選択ができるように支援すべきだろう。

👉 小論文にする時のポイント

現在および今後の医療における薬剤師の役割を論じさせる出題が圧倒的に多い。患者への医薬品の説明をすればよいなどといった消極的なものではなく，薬品投与に関して生じる恐れのあるリスクを抑える役割を担っているとか，処方内容に対するチェック，さらには医薬品を中心とする患者の選択場面に適切な支援を行うなど，薬剤師として行える積極的な役割について論じてほしい。

過去の入試問題例

例 あなたは薬剤師になるとしたら，どのように医療に貢献したいと考えているか。あなたの考えを述べよ。　　　　　　　　　　（北海道医療大・薬学部）

例 患者や消費者が処方箋と鎮痛剤を正しく使用するための注意事項を述べた英文を読み，薬剤師は医薬品の副作用防止に対してどのような貢献をすることができるか，本文の記載内容を参考にしたうえで，あなた自身の考えを自由に述べよ。
(熊本大・薬学部)

関連キーワード

☑処方箋

　診療所や病院などの医療機関を受診した結果，医師や歯科医師・獣医師がその患者に投与すべき医薬品とその服用量，投与方法などを記載した薬剤師に対する文書のことをいう。薬剤師は，その処方箋によらなければ販売や投与の目的で調剤してはならない。

☑調　剤

　以前は，調剤とは単に医薬品を調合することであると考えられてきた。しかし，患者へのインフォームド・コンセントが普通になった現在では，服薬指導はもちろんのこと，患者の薬剤投与歴の管理，後発医薬品の選択指導などの業務も含めて広義の調剤と呼ぶようになった。

☑専　業

　一般的に，ある事業を独占的に行うことをいう。薬剤師・医師・看護師などのような資格を伴う医療職は，資格を取得している者のみが業務を独占できる(専業)ことが法律によって定められている。

☑医薬分業

　医師が患者を治療するうえで投薬が必要な場合，医師が処方箋を作成し，薬剤師がその処方箋に基づき調剤して患者に交付するという，医療行為と調剤業務の分担の仕組みをいう。1951年に公布，1956年施行の医薬分業法が成立し，その法律に基づいて実施された。以後，分業率は年々上昇してきており，2018年の分業率は全国平均で74.0%となっている。医薬分業をすれば，薬品の専門家である薬剤師が管理・チェックを行うことができ，処方や投与に関するリスクを抑えるメリットがある一方で，医療機関での受診と薬局での調剤が患者には二度手間になること，処方箋料などの加算により患者の一部負担金額が高くなることなどの指摘がある。

☑ 後発薬

(後発医薬品, ジェネリック医薬品)

特許が切れた後の医薬品を他の製薬会社が製造あるいは販売したものをいう。後発薬は，新薬(先発医薬品)のように開発費用がかからないので，その分だけ薬価を安く設定できる。しかし日本では，他の先進国に比べて普及が進んでいない。その理由には，安定供給がなかなか難しいという後発医薬品メーカー側の問題と，後発医薬品に対して医師や薬剤師の信頼が不足しているという医師・薬剤師側の問題とがあるといわれている。

答案例

問題 薬剤師が果たすべき役割について，論じよ。 **600字以内**

模範回答 薬は患者の病んだ体を正常な状態に戻したり，健康を維持し続けるためには欠かせない。薬に関して，薬剤師は医薬品全般について広範な知識を持っているので，処方された医薬品の内容や服用法を患者に説明できる。そのことにより，患者は自分の服用する医薬品を正しく理解し，納得して服用することができるのである。　　　　　　　　　　　　　　　　　　　　　(以上，第1段落)

　薬品は使用方法を誤ると身体に悪影響を及ぼしたり，場合によっては生命の危機に瀕することもある。薬剤師はこうした可能性をできるだけ抑えるために，処方が適切か，患者が他の病院で同じ成分の薬を投薬されていないか，複数の薬を服用した時にも悪影響が出ないかなどを確認し，服薬指導を行っている。薬剤師のこうしたはたらきは患者の身体の安全を保つことに役立ち，結果として患者のQOL向上にも寄与している。　　　　　　　　　　　　　　　(以上，第2段落)

　今後は医療技術のさらなる高度化に伴い，医薬品の専門家としての視点から医師の処方に対する提案やチェックがこれまで以上に重要な位置づけとなるだろう。例えば，医薬品に関する専門家としての立場から，チーム医療の一員として，患者の医薬品投与に関してアドバイスを行うことなどが考えられる。このようなことを通して，薬剤師はより一層積極的にその役割を果たすべきだと考える。

　　　　　　　　　　　　　　　　　　　　　　　　　　(以上，第3段落)

> **解説** 第1段落：意見の提示…薬剤師は医薬品の専門家として，患者を支援
> する役割を担っていることを主張している。
>
> 第2段落：理由説明…薬剤師の任務は，処方された薬品に対する服用指導など
> を通して，結果的に患者の QOL 向上に寄与していることを説明している。
>
> 第3段落：意見の再提示…今後は，これまで以上に薬剤師が積極的に医療に
> 関与する必要があると述べている。

薬　害

出題頻度 → 薬 ★ ★

定義

　薬害とは，医薬品を使用したことによって生じた医学的に有害な事象のうち，特に社会的な問題になったもの，なかでも特に不適切な医療行政が原因となっているものを指す。医学的に有害な事象には，医薬品そのものの性質により生じたものと，微生物・病原体・化学物質の混入といった医薬品の性質以外が原因になったものとがある。前者には，複数の医薬品を同時に投与した時(飲み合わせ)に表れやすい副作用も含まれる。

問題点

　医薬品はあくまでも疾患を治したり軽減したりするために使用するものである。それが逆に，服用することで障害が残ったり，場合によっては死に至ったのでは本末転倒である。

　そこには，薬害が生じる恐れのあるような不確かな医薬品でも，製造・販売を承認してしまう現在の制度のあり方に問題点が潜んでいる。また，消費者側が，飲み合わせなどによる副作用を起こす危険性があることを自覚せずに服用する恐れもある。

問題点の背景

　新薬に関しては，製薬企業は厚生労働省に製造販売承認の申請を行う。これを受けて厚生労働省は各種の審査にかけ，審査をパスしたものには厚生労働大臣から製造販売承認が与えられるというシステムになっているが，薬害を起こす危険性のある医薬品が出回る背景には，このシステムも関係していると言わざるを得ない。

　新薬の承認申請に際しては，有効性や安全性を検証するために治験(p.84参照)が行われる。具体的には，治験薬ボランティアを募って当該新薬を投与する。しかし，この方法では薬物の効能の確認はしやすいが安全性の

評価は難しい。なぜなら、薬物の有効性に比べて副作用などのマイナス面は現れにくいからである。もし、安全性が完全に確認されてから新薬を承認する仕組みにすると、新薬の製造販売時期が遅れてドラッグ・ラグ(p.85参照)が起こり、新薬を待ち望んでいる患者などに影響を与える。よって現状は、動物実験や治験でわかる範囲の有効性・安全性が認められれば製造・販売を承認し、販売後に副作用データを蓄積してより詳細な安全情報を提供する仕組みになっているのである。

一方で、薬の消費者である我々にも、安易に、しかも無闇にさまざまな薬を使ってしまうところがある。このことがある意味で、薬害の潜在的原因を作っているといえる。

対応策・解決策

ドラッグ・ラグを最小限にする努力はしつつも、同時に医薬品の安全性の確保はできる限り追求されなければならない。そのためには、実際に医療現場で用いられている間に生じた有害事象に関わる情報を確実に蓄積するとともに、被害が拡大する恐れがある場合は、国や企業が迅速な対応(警告や使用中止)を行うことが必要である。製造や使用の中止は企業にとって大きなマイナスであることから、この過程でともすると決断が躊躇されてきたという指摘もある。

したがって、薬害に関わる情報を全国の医療機関が共有でき、迅速に対応できるような仕組みの整備が求められる。また、万が一適正な医薬品使用のもとで健康被害を受けた場合に適用される医薬品副作用被害救済制度(p.85参照)が設けられているが、その一層の拡充も求められる。

👉 小論文にする時のポイント ─────────────────

具体的な薬害(例えばエイズ、C型肝炎、サリドマイドなど;p.85参照)の事例を挙げ、その対応策を考えさせる出題が多い。そのような時には、ドラッグ・ラグと安全性確保とのバランスを意識した論述を心がけたい。「安全性を確認できるまで製造や販売の承認を行わないようにするべきだ」といった安全性確保だけ

に偏った記述は現実性に乏しく，必ずしも好ましいとはいいがたい。

過去の入試問題例

例 エイズウィルスや肺炎ウィルスに汚染された血液製剤を投与された患者が，エイズや肺炎などの病気を発症し，薬害として社会問題となっている。仮にあなたが①厚生労働省職員②創薬研究者③薬剤師の職種についた場合，この薬害問題にいかにかかわっていきたいか，思うところをそれぞれ述べよ。

（大阪大・薬学部）

例 サリドマイドは東ドイツで開発された催眠薬で，妊婦の悪阻（つわり）に効くということから妊娠初期の婦人に多く用いられたが，その副作用で多くの障害児が生まれたという薬害事件について述べた文章を読み，このような事件が発生する背景をふまえて，薬のあり方について自分はどう考えるかを書け。

（名古屋市立大・薬学部）

関連キーワード

☑ 催奇形性

妊娠中の女性が薬物を服用したことで胎児に奇形が起こる可能性のことをいう。薬の服用で特に注意が必要なのは妊娠4週〜12週末までである。この時期は中枢神経をはじめ，心臓や四肢（手足），目や鼻などの主要器官の形成時期にあたるので，胎児の体に影響を及ぼす成分を含んだ薬を服用すると形態異常が起こる危険性がある。

睡眠薬サリドマイド（1957年発売）による障害児や，ベトナム戦争で米軍の使用した枯葉剤による奇形児が代表的な事例である。

☑ 治 験

医薬品あるいは医療機器の製造販売に際して，薬事法上の承認（厚生労働大臣の承認）を得るために行われる臨床試験のことをいう。「治療の臨床試験」の略であるといわれている。治験によって，安全性（副作用の有無，副作用の種類や程度・発現条件など）と有効性（効果，最適な投与量・投与方法）が確かめられる。

☑ ドラッグ・ラグ

　新たな薬品が開発されてから，治療薬として実際に患者の診療に使用できるようになるまでの時間差や遅延のことをいう。また，他の国や地域においてすでに使用が承認されているにもかかわらず，わが国での使用が認められないことによって生じる遅延を指すこともある。

☑ 医薬品副作用被害救済制度

　医薬品は人の健康の保持増進に欠かせないものであるが，有効性と安全性のバランスの上に成り立っているという性質上，副作用を完全に防止するのは難しい。このため，医薬品を適正に使ったにもかかわらず副作用によって健康被害が生じた場合には医療費などの給付を行い，被害者を救済する制度が設けられている。これが医薬品副作用被害救済制度である。予防接種などによる健康被害にも適用される。

☑ 薬害の事例

　C型肝炎やHIV（ヒト免疫不全ウイルス）の感染被害がよく知られている。いずれも，おもに血友病（遺伝性の血液凝固異常を伴う疾病）患者に対して用いられた薬剤によって起こった薬害で，ウイルスを不活性化していない血液製剤（非加熱製剤）を長年流通させたことが大きな原因である。特にHIVの感染被害においては，世界での承認をよそに，日本だけは加熱製剤が開発された後も2年4か月以上も承認されず，その間非加熱製剤を使い続けたためにエイズの被害が拡大した。それに関しては，1989年5月に大阪で，10月に東京で製薬会社と非加熱製剤を承認した厚生省に対して損害賠償を求める民事訴訟が提訴されたが，1996年2月に菅直人厚生大臣（当時）が謝罪し，3月に和解が成立した。

答案例

問題 薬害について，あなたの考えを述べよ。**600字以内**

模範回答 本来は疾患を治すために服用する薬によって，逆に害が出てしまう背景には，薬害が生じる恐れのあるような不確かな医薬品でも，製造・販売を承認せざるを得ない面がある現在の制度に問題点がある。また，安易に薬に頼る消費者側にも，飲み合わせなどの副作用の危険性があることを自覚する責任があると考える。　　　　　　　　　　　　　　　　　　　　　　　　　　（以上，第1段落）

　医薬品の承認時には有効性や安全性を検証するために治験が行われるが，この段階での完ぺきな安全性の確保は，ドラッグ・ラグなどのことを考えると難しいといわざるを得ない。したがって現状では，動物実験や治験でわかる範囲の安全性が認められれば承認され，使用中の副作用データなどを蓄積してより詳細な安全情報を提供している。しかし，この仕組みが健全に機能せず，原因となる薬剤が医療機関で使われ続けると薬害が拡大してしまう。　　　　（以上，第2段落）

　このような現状から，ドラッグ・ラグを最小限にしつつも，医薬品の安全性の確保により努める必要がある。そのためには有害な事象の情報を医療機関が蓄積し，他の医療機関や薬品メーカーが共有できる仕組みを整備することのほか，被害が拡大する恐れがある場合は国やメーカーが警告や使用中止を行うといった速やかな対応が必要だ。　　　　　　　　　　　　　　（以上，第3段落）

解説　第1段落：意見の提示…薬害が生じる背景には，現在の新薬承認システムのあり方が関係していると述べている。

第2段落：理由説明…現在の新薬承認システムでは，ドラッグ・ラグなどを考慮するとその安全性を100％求めることは難しいことを述べている。

第3段落：意見の再提示…ドラッグ・ラグを最小限にしつつも，医薬品の安全性を確保する仕組みづくりが必要であることを述べ，その具体化に向けた意見をまとめている。

看護職

定義

　厚生労働大臣の免許を受け，医療・保健・福祉などの現場において医師の診療行為を補助することのほか，患者の日常生活におけるさまざまな支援，さらには疾病の予防や健康の維持・増進を目的とした活動を行う専門職のことをいう。看護師・准看護師をはじめとして，地域看護の専門家である保健師や，妊娠や出産に関わる保健指導を行う助産師も看護職に含まれる。

必要性

　看護職のおもな仕事は，キュア（医療行為）とケア（看護・介護）を行うことである。キュアは医学に基づいて行われる治療・診断行為にあたるため医師が主体として行い，看護職はその補助にあたる。法律により，看護師は医師の指示なしに医療行為を行うことができない。

　一方ケアは，世話・介護・看護といった治療・診断行為にはあたらない分野を分担する。看護師は看護技術や看護学を習得しているうえ，医療従事者のなかでも患者や対象者と接触する機会が多いということもあり，ケアの専門家としてのはたらきが求められる。

必要性の背景

　一般的に，看護職は患者と接する機会が多かったり，接する時間も長い。それゆえに，対象となる患者や住民の状態を把握しやすい立場にある。そこで得た情報をもとに，一人ひとりにあった看護活動を行うだけでなく，チーム（チーム医療；p.51参照）の一員として他の医療従事者にその情報を伝達し，互いに共有する役割を果たすことも求められている。このような活動を通して，個人や家族，さらには地域の住民の健康保持の支援を行い，質の高い生活（QOL；p.26参照）が送れるようにすることが最も大きな目的である。

　これから現場で活躍する看護職には，時代の変化に合った対応も求められる。例えば，高齢化の進行に伴って高齢者看護（p.89参照）が重視されるようになるだろう。また，通院や在宅療養をする患者に対する補助や支援といった地域医療に果たす役割も大きくなるだろう。一方，国民の健康意識が高まっていることから，保健意識の推進や予防医療も大切になる。さらには，薬や医療機器のほか看護理論も日々進歩しており，それに的確に対応することも大切である。

　そのためにも看護職は，これまで以上に情報や知識の修得・更新が欠かせない。そして，チーム医療の一員として責任が果たせるよう，研鑽を積む必要がある。

👍 小論文にする時のポイント

　看護職が果たすべき役割について問うものが多い。患者の QOL 向上に向けて果たす役割を中心に，時代の変化に対応した看護を提供する役割も担っていることを論じよう。特に，高齢化の進行といった今後の日本の状況に合わせて，看護職の役割を考察しておきたい。「患者が喜んでくれるような看護を提供すること」「患者にやさしさや愛情を与えること」「笑顔を通して，患者に安心感を与えること」など，感情的・抽象的な内容に終始するのは好ましくない。

過去の入試問題例

例　「医療技術の進歩と看護の役割」について，看護職者への期待という観点から，あなたの考えを述べよ。　　　　　　　　　　　　　　　（佐賀大・医学部・看護学科）

例　医療・看護・介護と向き合ってきた患者家族の思いを述べた文章を読み，医療の近代化が進み様々に変化する医療社会の中で，将来，看護職を目指すものとして，あなたはどのような課題を持ち取り組んでいきたいか。

（東京医療保健大・医療保健学部・看護学科）

関連キーワード

☑ 高齢者看護

高齢者の疾患や心の変化に応じて，疾病の予防や慢性疾患のケアを主たる目的として行う看護のことをいう。疾患では，認知症や失禁，褥瘡ケア，生活上のケアでは転倒，徘徊など，高齢者特有の事案が対象になる。症状改善のための看護だけでなく，日常生活の機能低下を防ぎ，高齢者のQOLを向上させることを目的としている点に特徴がある。

☑ 看護師の人材不足

日本の看護師は絶対的に不足している。そのため，病棟数の割に看護師が少なく，看護師一人当たりの負担が大きいことが指摘されている。また，夜勤などの不規則な勤務形態を強いられる現場があることや，出産・育児をしながら勤務することが難しいことなどから，離職する看護師も多い。その一方で，労働条件の厳しさや医療技術の進展などが影響し，育児休職後などの職場復帰が進みにくい現実もある。こうした事情により，多くの潜在的看護職員（看護師などの資格を持ちながら，離職したままの看護職員のこと）を生む結果となっている。そのため現在では，夜勤専従・パートタイマー・短時間勤務など，労働環境を見直す医療機関もみられるようになった。また，外国人看護師を受け入れようとする動きもみられる。

☑ 外国人看護師・外国人介護福祉士

外国から日本に来て看護師や介護福祉士の資格を取得した人のこと。2008年にインドネシアから受け入れたのが始まりであるが，深刻化する看護師・介護福祉士不足がその背景にある。

彼らの受け入れには賛否両論ある。反対派は，日本人の看護師や介護福祉士の労働市場が圧迫されること，言葉の問題により適切な看護や介護を行うことが難しいことなどを根拠として反対する。一方，賛成派は，看護・介護技術の供与を通して国際協力が行えること，在日外国人の看護や介護を担う人材が増えること，日本人に比べて賃金を安く抑えられることなどを挙げて賛成する。

答案例

問題 看護職の役割について，あなたの考えを述べよ。 **600字以内**

模範回答 看護職のおもな役割は，キュアとケアを行うことである。ただし，キュアは医学に基づいて行われる治療・診断行為にあたるため，医師が主体として行い，看護職はその補助をする。一方，看護職は，看護技術や看護学を習得しているケアの専門家であるとともに，患者にとっては最も身近な医療従事者であるという特徴を持つ。 (以上，第1段落)

看護職がその役割を果たすことによって，患者の生活の質の向上につながる。また，看護職は一般的に患者と接触する機会が多いため，患者の身体状況を把握しやすい立場にあることから，その結果をチーム医療の一員として他の医療従事者に伝達し，互いが共有することで，患者一人ひとりに合ったきめ細かい医療サービスを提供することが可能になる。 (以上，第2段落)

今後の看護職は，時代の変化に合った対応がより必要となる。例えば，高齢化に伴って高齢者看護が一層重視されるようになるだろう。また，通院治療や在宅医療をする患者の看護支援といった地域医療への関わりも求められる。その一方で，国民の健康意識の高まりを受けて，保健意識の推進や予防医療も大切になる。さらには，薬や医療機器，看護理論も日々進歩しているので，それらの変化にきちんと対応できるように情報や知識の修得と更新も欠かせない。 (以上，第3段落)

解説 第1段落：意見の提示…看護職の主な役割はキュアとケアを行うことであることと，その中で看護職の特性について述べている。
第2段落：理由説明…看護職の本来のはたらきのほかに，患者との接触の中で得た患者の状況などの情報はチーム医療の他のメンバーにも伝えることが，看護職に求められていると述べている。
第3段落：意見の再提示…今後はより時代に即した看護を提供すべきだと述べ，具体的な対応策をまとめている。

赤ちゃんポスト

定義

　さまざまな事情で親が養育できない赤ちゃん(新生児)を匿名で預かる施設のこと。わが国で初めて認可されたのは，熊本市の慈恵病院が設置した施設「こうのとりのゆりかご」である。同様の制度は中世ヨーロッパの修道院にも存在していたが，慈恵病院が参考にしたのは，2000年にドイツの市民団体が開設した同様の施設である。わが国でも1986年に，群馬県で「天使の宿」というボランティアによる施設が作られたが，預けられた乳児が死亡する事件があったことなどから，1992年に廃止された。外国では，ドイツやパキスタンなどで設置されている。

必要性

　設置の目的は，望まれない立場で生まれてきた赤ちゃんを放棄や殺害から守ることにある。新生児は外界に対する適応力が低く，いわゆる「捨て子」として放置された場合，低体温症(p.93参照)や熱中症(p.94参照)によって命を落とす危険性がある。こうした新生児を早く，安全に保護するために設けられた。

　しかし，異論もある。赤ちゃんポストの設置を認めることは，捨て子を容認することにつながるという指摘である。また，設置しても必ずしも新生児の殺害・虐待・育児放棄を防ぐ役割を果たしているとはいいがたいという意見もある。

必要性の背景

　赤ちゃんポストを作る直接的な目的は，新生児の命を守ることにある。それに関連して，望まない妊娠によって生まれてくる子の生存の機会を増やすことになる。望まない妊娠に対しては往々にして人工妊娠中絶(p.42参照)が行われることが多いが，それは胎児の生存権を親が奪うことにつ

ながるからである。

一方，異論を唱える人々は，倫理観の低下を招く恐れがあることを反論の根拠としている。設置している病院側は，赤ちゃんポストはあくまでも緊急避難的な措置であるとして，利用前の相談の重要性を訴えているが，現実には「障害児」「不倫の子」「戸籍に載せたくない子」「世間体」「未婚」「養育拒否」などの理由によって，事前の相談なしで親が新生児を預けるということが起こっている。

対応策・解決策

現実的に赤ちゃんポストが子どもの放棄防止に役立つ施設であることは否めず，そのことによって預けられた新生児の生存権を保障することにもつながっていることも事実である。つまり，子どもの命を守るという役割を担っている以上，赤ちゃんポストの設置に慎重論は唱えることはできても，廃止論を唱えることは難しいであろう。

ただし，赤ちゃんポストの存在が，「親が子を育てるものだ」という倫理観に反することも否定できない。したがって，施設としての役割は容認しつつ，安易な預け入れを防ぐための方策をとることや，反対派の根拠である「親の倫理観の低下」への対応策を考えることは欠かせないのではないか。具体的には，望まない子どもを持った親の相談窓口を併設する，親の所在を明らかにしたうえで預かる仕組みを作るなどといった方策を検討する必要がある。

👍 小論文にする時のポイント

赤ちゃんポスト設置の是非そのものがおもに問われる。賛成・反対いずれの立場で論じても構わないのだが，できるだけ偏りのある議論は避けておきたい。特に反対の立場で廃止論を展開する時には，「捨て子にも生存権がある」といった反論があることを承知したうえで，それに対する意見を入れておくくらいの配慮が欲しい。

📝 **過去の入試問題例**

例 「赤ちゃんポスト」に関して，設置を巡る行政側の対応について述べた文章・設備を説明した文章・熊本市が公表した運用開始後の状況について述べた文章・熊本県が設置した検証会議の中間報告について述べた文章を読み，設置に対してあなたの意見を述べよ。 （愛知県立大・看護学部）

例 養育できない新生児が遺棄され，尊い命が失われるという不幸な事態を救いたいという目的で「赤ちゃんポスト」をある病院が提案した。このことがマスメディアなどで話題となっているが，あなたはこのようなポストの設置についてどのように思うか。あなたの考えを述べよ。 （昭和大・医学部・医学科）

🔎 **関連キーワード**

☑ **胎児・新生児**

　胎児は母の子宮内で育ち，生存・発育に必要な栄養や酸素のすべてを胎盤や臍帯からの供給に依存している。一方，胎児が出産によって新生児となった瞬間から，自力で呼吸しなければならないことはもちろんのこと，栄養も外部から摂取しなければ生存することができない。特に，新生児は抵抗力が極めて低いこと，神経も未発達なこともあり疾病などの症状を発見しにくいこと，外界への適応力が著しく低いことなどが特徴として挙げられるが，これらのことに起因して起こるさまざまな現象に対しては親などの保護が不可欠となる。

☑ **育　児**

　乳幼児の世話をしたり，養育をすること。乳幼児とは，一般的に小学校に入学するまでの段階の子供を指す。新生児や乳幼児に対する育児内容のおもなものは，「食物（乳など）を与えること」「排泄物の処理など，衛生的な環境を管理すること」「安全な生活環境を作ること」である。

☑ **低体温症**

　恒温動物の体温が通常よりも低い時に起こる症状のこと。低体温になると消化作用が鈍り，糖をエネルギーに変える機能が低下する。その結果，最終的には意識喪失・心肺機能や生理機能の停止を引き起こし，最悪の場合は死

に至ることもある。新生児は自律神経の働きが未発達のため，低体温になった場合は死亡のリスクが高い。

☑ 熱中症

外気の高温多湿などが原因で，体温が異常に上昇することによって起こる症状のこと。体温が37℃以上になると皮膚の血管が拡張し，血液量を増やして熱を放出しようとする。しかし，この時に体温がさらに上昇し，発汗などで体の水分量が極端に減ると，今度は心臓や脳を守るために血管が収縮しはじめ，熱が放出できなくなってしまう。熱中症は，こうして体温を調整する機能がはたらかなくなり，体温が上昇する機能障害である。熱中症は炎天下ばかりでなく，室内で静かにしている時でも起こり得る。実際，高齢者が室内で熱中症になって倒れているのを発見されるというケースも少なくない。

熱中症の症状にはいろいろある。おもなものはけいれん，失神，めまい感，疲労感，虚脱感，頭重感(頭痛)，吐き気などであるが，重症になると意識障害，おかしな言動や行動，過呼吸，ショック症状なども引き起こす。特に新生児の場合は，自律神経の働きが未発達のため，低体温症と同様に死亡のリスクが高い。

答案例

問題 赤ちゃんポストの設置について，あなたの考えを述べよ。 **600字以内**

模範回答 私は赤ちゃんポストの設置に賛成する。なぜなら新生児の命が奪われる脅威から守ることにつながるからである。 (以上，第1段落)

　たしかに異論もある。赤ちゃんポストの設置を認めることは「捨て子」の容認につながり，倫理観の低下を招くことがそのおもな根拠とされている。障害児，不倫の子，戸籍に載せたくない子，世間体，未婚，養育拒否などの理由で，親が新生児を預ける事例が発生しているからである。 (以上，第2段落)

　しかし，望まれない新生児の命を守るのか否かが赤ちゃんポスト設置の是非を問う時の論点であり，親の倫理観を問うことが主たる目的ではない。赤ちゃんポストはあくまでも，適応力の乏しい新生児が捨て子として放置されずに，安全に保護されるために設けられたものである。さらに，望まない妊娠による子の生存の機会を増やすことにもなる。 (以上，第3段落)

　よって，赤ちゃんポスト設置を肯定的に捉えている。ただし，赤ちゃんポストの存在は「親が子を育てるものだ」という倫理観に反することも事実である。施設としての役割は容認しつつ，安易な預け入れを防ぐ方策や，親の倫理観低下への対策をとることが必要だ。例えば，望まない子どもを持った親の相談窓口を作る，親の所在を明らかにして預かる仕組みを作るなどの方策を検討する必要があると思う。 (以上，第4段落)

解説 第1段落：意見の提示…赤ちゃんポストの設置に賛成するという自身の立場と，その簡潔な理由を述べている。
第2段落：理由説明①…赤ちゃんポストの設置に反対する立場の言い分にも一定の理解を示し，譲歩している。
第3段落：理由説明②…反対派の言い分に対して，改めて自分の考えを示して反論し，賛成の立場の正当性を説明している。
第4段落：意見の再提示…再度自身の意見を述べるとともに，今後に向けた改善策を，具体例を挙げて述べている。

リハビリテーション

定義

病気や外傷により身体的・精神的な障害が起こると，それまで普通に行われていた家庭的・社会的生活が阻害される。こうした障害のある人に対して，残された能力を最大限に回復させたり，新たな能力を開発したりして自立性を向上させ，積極的な生活への復帰を実現させるために行われる一連のはたらきかけを狭義のリハビリテーションという。このはたらきかけには，リハビリテーション専門の医師や看護師・理学療法士・作業療法士・言語聴覚士・臨床心理士・義肢装具士・ソーシャルワーカーなどといったリハビリテーションの専門家(p.98参照)が携わる。

必要性

リハビリテーションは心身の機能回復とともに，日常生活や社会参加への支援をする役割を担う。例えば，理学療法士は理学療法(p.98参照)を用いて身体の機能回復のための治療を行う。また，作業療法士は作業療法(p.98参照)を通して日常生活や仕事に関わる作業の訓練を行う。一方，手術などによって起こりやすい二次的な疾病予防のための訓練も，その対象となる。例えば，外科の開胸手術に伴う合併症予防のための呼吸のリハビリテーションや，骨や関節の手術に伴う筋力低下を防ぐための筋力増強訓練などがその例である。

必要性の背景

対象者の生活の質(QOL；p.26参照)をできるだけ障害が起こる前の状態に戻すこと，あるいは，障害によって生じる(生じた)問題を軽減・改善することが，リハビリテーションの最大の目的である。そのことによって，対象者が社会的な自立を回復することにつながる。さらに，自立することで対象者の自己決定(p.20参照)を促すことにもつながり，結果的にQOL

を向上させることができるのである。そして一方では，ノーマライゼーション（p.193参照）の具体的な実現例となって，その思想推進の担い手としての活躍も期待できる。

対応策・解決策

　今後は，高齢社会の到来に伴い，加齢による疾病や障害を持つことになる対象者が増えるだろう。疾病や障害を持つ高齢者は，加齢による体力や心身機能の低下などにより，若年層のような機能回復や改善が望めない。そうした状況は社会進出を困難にし，社会的に孤立した高齢者や寝たきりの高齢者を生むことにつながる。この状況を少しでも緩和するために，リハビリテーションによる高齢者支援が重要となる。高齢者の QOL 向上と社会的自立のためには，病院や診療所でのリハビリテーション，あるいは通所によるリハビリテーションといった受動的な関与の仕方だけでなく，地域リハビリテーション（p.99参照）の展開などの積極的な関与が求められる。

👍 小論文にする時のポイント

　リハビリテーションが担う役割のほか，今後の日本社会におけるリハビリテーションのあり方を問う出題が多い。前者の場合は，日常の生活活動と社会参加への支援をすることで結果的に QOL の向上につながることを押さえておきたい。後者の場合は高齢化などをキーワードに，リハビリテーションの力でどう改善・解決できるのかを説明するとよい。自らが目指す職種と関連づけて論じられれば理想的だ。

過去の入試問題例

例　近年，医療の現場は，医師中心の医療から患者中心の医療へと大きく変化しつつあり，患者のニーズも多様化しているといわれている。多様化する患者のニーズとしては，どのようなものが考えられるだろうか。また，それらのニー

ズに応えるためには，どのようなことが必要だろうか。これらについて，あなたの考えを述べよ。次の３つの用語をすべて使用すること。

用語：生活の質，リハビリテーション，長寿社会

（豊橋創造大・リハビリテーション学部・理学療法学科）

例　リハビリテーションが福祉や慈善と異なるのは，障害者が自ら人間としての価値を積極的に肯定し，社会もそれを尊重するところにあると述べた文章を読み，文章で示されているリハビリテーションの意味と，あなたが思い描いていたリハビリテーションについての考えとの類似点及び相違点について述べよ。

（北海道医療大・リハビリ科学部）

🔍 関連キーワード

☑ リハビリテーションの専門家

医師や看護師をはじめ，理学療法士（Physical Therapist；PT，理学療法を用いて身体機能の改善を図る），作業療法士（Occupational Therapist；OT，作業を通して心身機能の改善を図る），言語聴覚士（Speech-Language-Hearing Therapist；ST，言語障害や咀嚼・嚥下障害に対する治療を行う），臨床心理士（心理に関する障害に関わる治療を行う），ソーシャルワーカー（社会福祉の援助技術を用いて支援する）などが連携してリハビリテーションに取り組んでいる。

☑ 理学療法

物理的な手段を用いて動作の回復を図る療法のことをいい，運動療法と物理療法がある。前者は関節の動き・筋力・麻痺の回復を図るために，運動を用いて練習と指導を行う。また，寝返りや起き上がり，起立・歩行などの動作訓練も実施する。後者は温熱・電磁波・低周波・マッサージ・けん引などを用いて行う療法である。

☑ 作業療法

レクリエーション・農耕・園芸・手芸などの作業を用いて，ADL（Activities of Daily Living；食事・排泄行為・入浴・寝起き・移動・歩行など，人間が独立して生活するために必要かつ毎日繰り返し行う身体動作のこと）の改善を図る療法のことをいう。

☑ 地域リハビリテーション

対象者が住み慣れた地域で，そこに住む人々や機関・組織とともに行うリハビリテーションのことをいう。外来や通所によるものだけでなく，施設への短期入所や各家庭へ訪問して行うものもある。疾病や障害が発生した当初からリハビリテーションを受けられるようにするだけでなく，障害の発生を予防する，障害を持つ人々ができる限り社会参加することを促すといった役割も担っている。

答案例

問題 リハビリテーションの役割について，論じよ。**600字以内**

模範回答 リハビリテーションとは，病気や怪我による心身の障害で生活に支障が生じた時，医学的に機能回復を図る行為である。日常生活の活動支援のほか，社会参加への支援もする役割を担う。 (以上，第1段落)

例えば，理学療法士は理学療法で身体の機能を回復させるための治療を行う。作業療法士は作業療法で日常生活や仕事に関わる作業の訓練を行う。それによって対象者の生活の質を障害前の状態に戻したり，障害によって生じた問題を軽減させる。このように，リハビリテーションによる障害の予防・改善・解決を通して，対象者を再び社会的に自立をさせることができるとともに，対象者の自己決定を促し，QOLの向上にもつながる。 (以上，第2段落)

今後は，急速な高齢社会の到来に伴い，加齢による疾病や障害を持つ対象者が増えるだろう。障害を持つ高齢者は，加齢による体力や心身機能の低下により若年層のような機能回復や改善が望めない。その結果，社会進出を困難にし，社会的に孤立したり寝たきりになる高齢者を生むことにつながる。こうした状況を緩和するためにリハビリテーションによる高齢者支援が重要となる。そのためには，病院や診療所でのリハビリテーション，通所によるリハビリテーションといった受動的な関与の仕方だけでなく，地域リハビリテーションの展開などの積極的な関与も求められる。 (以上，第3段落)

解説 第1段落：意見の提示…リハビリテーションの定義と，それが担う役割を論じている。
第2段落：理由説明…リハビリテーションの具体的な内容に触れるとともに，リハビリテーションによって対象者を社会的に自立させることができること，さらに結果的に対象者の QOL を高めることができると説明している。
第3段落：意見の再提示…高齢社会となる今後はリハビリテーションがより重要になることと，地域リハビリテーションに対する期待も述べている。

3 健　康

　医療従事者の活動は，単に疾病の治療だけではない。国民の健康を保つ活動の担い手でもあることを知っておく必要がある。ここでは，医系・医療系学部入試において今後出題される可能性が高い「健康」に関する6テーマを厳選し，紹介する。

取り扱うテーマ

> 生活習慣病

> 喫　煙

> 肥　満

> ストレス

> アスベスト

> 高齢者と健康

生活習慣病

定義

　生活習慣病とは，その人自身のライフスタイルに発症原因があると考えられている疾患の総称である。つまり，その人の生活習慣そのものが発症原因に深く関わっていると考えられている疾患の総称である。従来は「成人病」と呼ばれていた。その中でがん（p.104参照）・心臓病（心疾患）（p.104参照）・脳卒中（脳血管疾患）（p.104参照）は三大生活習慣病と呼ばれている。その原因はさまざまであるが（p.104参照），主として脂質・塩分・アルコール・糖分の取り過ぎといった食習慣の乱れのほか，運動不足や喫煙などによっても起こるといわれている。その考えのもと，現在，その対策が講じられてきている。

問題点

　日本人の死因の5割程度は，がん・心疾患・脳血管疾患の3つで占められているといわれているが，これらの多くは糖尿病・脂質異常症（p.104参照）・高血圧・高尿酸血症（p.104参照）といった，いわゆる生活習慣病によって引き起こされる。一方で，生活習慣病関連の医療費は医療費全体の3割以上を占めており，医療財政を圧迫する要因となっている。これらのことから，健康寿命（p.105参照）を延ばし，かつ医療財政を破綻させないようにするには，生活習慣を改める対策を講じることが欠かせないのである。

問題点の背景

　生活習慣が乱れるようになった背景には，戦後，高度経済成長を経ていくなかで生活の質や様式が変化し，それに伴って豊かになってきたことが挙げられる。具体的には，食生活が欧米化し，脂質や糖質が多い食品を摂取する機会が増えた。また，女性の社会進出や単身世帯の増加などに伴って，食の外部化（p.105参照）も進んでいる。それに加え，過食や偏食，不

規則な食事といった食習慣そのものの乱れや，産業構造の変化や技術革新によって起こりがちな運動不足や喫煙（p.108参照）などもその進行を助長しているといわれている。

対応策・解決策

　これまでは，生活習慣病に罹患している人を早期に発見するという保健活動が主であった。学校・職場・地域などで実施する健康診断によって疾病を早い段階で発見し治療を施す，といった具合である。しかし，より医療費を圧縮し，さらに健康寿命を延ばすには予防医学の観点が欠かせない。その鍵は，望ましい食生活や運動の実行，さらには禁煙を行うなど，生活習慣病の要因を少なくすることである。

　なお，日本では「健康づくりのための運動指針」「食事バランスガイド」（p.105参照）「禁煙支援マニュアル」などの策定や，メタボリックシンドローム（p.114参照）の該当者や予備軍への保健指導の徹底などが行われている。

👉 小論文にする時のポイント

　生活習慣病の原因を論じる時には，発生の社会的背景（食の欧米化・外部化・産業構造の変化など）まで考察しておきたい。また，対策については，予防医学の観点から主張を展開したい。健康診断事業の推進はもちろんであるが，予防と健康維持の観点から生活習慣病を未然に予防するための取り組みについて，オリジナリティのある提案ができるとよい。

📝 過去の入試問題例

例 食生活や運動不足などの生活スタイルと関連している生活習慣病について述べた英文を読み，生活習慣病予防に対して一人ひとりが何ができるのか，何をする必要があるのかについて，あなたの考えを書け。（新潟大・医学部・保健学科）

例 血液について述べた英文を読み，血液と生活習慣病とのかかわりについて知ることを述べよ。
（崇城大・歯学部）

☑ 疾病の原因

疾病は，遺伝要因（両親から受け継いだ遺伝子によるもの），外部環境（細菌・ウイルス・有害物質など），生活習慣（食習慣・睡眠不足・喫煙など）という3つの要因によって引き起こされることがほとんどである。

☑ が　ん

他の組織を宿主として増殖し，生体に害をなす悪性腫瘍の別の呼び方。悪性新生物ともいう。正常な状態では生体の細胞数が保たれるように分裂するものだが，がん細胞は無制限に分裂と増殖を繰り返して増え，全身に転移する。原因のほとんどは遺伝子の突然変異といわれている。一方で，血液循環の悪化に伴う酸素不足が原因の一つであるという説もある。これは食事や運動不足，喫煙などの生活習慣に起因する。そのため，健康診断などにより早期にがんを発見するだけでなく，禁煙などによってがんにならないように予防することも欠かせない。

☑ 心臓病（心疾患）

心臓の病気の総称。冠動脈が動脈硬化などで狭くなり心臓に血液が行きわたらなくなって起こる狭心症や，冠動脈が完全に詰まって心筋の一部が壊死することで起こる心筋梗塞，血液の流れの向きを調整する弁の機能に異常が生じて起こる心臓弁膜症などがある。

☑ 脳卒中（脳血管疾患）

脳の血管に障害が起こり脳細胞が障害を受ける病気の総称のことをいう。脳卒中にはさまざまな種類があり，脳の血管が詰まって血液が流れなくなる脳梗塞，血管が破れて出血する脳出血などが代表例である。死亡に至ることがあるが，そうでない場合でも脳卒中が原因で脳の細胞が壊死することで，手足の麻痺やしびれ，意識障害などの後遺症が残ることが多い。後遺症を克服するためには，リハビリテーションが必要となる。

☑ 糖尿病・脂質異常症・高尿酸血症

糖尿病とは，血糖値（血液中のブドウ糖濃度）が高い状態が続く病気のことである。膵臓から分泌されるインスリンというホルモンの働きが十分でないために引き起こされる。また，高血糖は全身の臓器に障害をもたらす。特に，眼の網膜，腎臓，神経への障害をはじめ，動脈硬化による狭心症や心筋梗塞，脳梗塞の発症，足の血管の閉塞

や壊疽など，さまざまな合併症を引き起こす。

脂質異常症とは血液中の脂質(中性脂肪，コレステロール)の数値に異常をきたす疾病のことである。血液中の脂質が血管内にたまると，動脈硬化になりやすい。動脈硬化は心筋梗塞や脳梗塞を引き起こす要因となる。

高尿酸血症とは血液中の尿酸の数値に異常をきたす疾病のことである。細胞の核酸の素材であるプリン体が過剰になると肝臓で尿酸に変えられるが，それが体外に排出されずに血中に蓄積されて起こる。

いずれの疾病もその要因は遺伝に加え，過食や肥満，運動不足，ストレス，加齢といった因子が絡み合って発症するといわれている。

☑ 健康寿命

日常の生活に支障なく，健康で活動的な生活ができる期間のことをいう。具体的には健康寿命の数値は，健康に多大なる影響を与えた病気やけがの期間を平均寿命から差し引いて算出している。世界保健機関(WHO)が提唱した指標の一つである。WHOによると，2016年時点の日本人の健康寿命は74.8歳で，世界第2位である。

健康寿命を長く保つためには，寝たきりや痴呆，感染症やがんなどのリスクを減らすことが必要となる。そのためには，血管(動脈硬化を防ぎ，脳卒中による認知症や障害の発症リスクを減らす)，骨(骨粗鬆症による骨折を防ぎ，寝たきりとなるリスクを減らす)，腸(加齢による悪玉菌の増加を防ぎ，免疫機能が低下するリスクを減らす)の健康を保つことが特に求められる。

☑ 食の外部化

食事や調理を家庭外に依存する状況のことをいう。例えば，レストランなどで外食をしたり，調理食品や総菜・弁当といった「中食」を購入して食事を済ませたりする状況を指す。その背景には，女性の社会進出や単身世帯の増加，高齢化の進行，生活スタイルの多様化などがある。

☑ 食事バランスガイド

1日に「何を」「どれだけ」食べたらよいのかの目安を性別・年齢・活動量に合わせてイラストで示したもの。生活習慣病の予防を目的とした日本の食生活指針を実践するための道具として，厚生労働省と農林水産省が共同で2005年に策定した。ここでは健康的な食生活を実現するために，摂取する食品の組み合わせや摂取量の目安を示している。

☑ 健康日本21

「21世紀における国民健康づくり運動」のこと。2000年に当時の厚生省(現在の厚生労働省)によって始められた健康づくり運動である。生活習慣病の予防を目的とし、生活習慣を改善することを訴える。食生活・栄養・運動・休養・たばこ・アルコール・歯の健康・糖尿病・循環器病・がんなどの分野において具体的な数値目標を設定し、自己管理能力向上の奨励のみならず、専門家による支援、保健所などによる普及活動の推進を行う。

答案例

問題 生活習慣病の対策について論じよ。**600字以内**

模範回答 日本人のおもな死因は、がん・心疾患・脳血管疾患である。これらの多くは生活習慣病によって引き起こされる。また、生活習慣病関連の医療費は医療財政を圧迫する要因となっている。健康寿命を延ばし、かつ医療財政を破綻させないためには、生活習慣を改める対策を講じることが欠かせない。

(以上、第1段落)

　生活習慣が乱れた背景には、戦後、高度経済成長を経ていくなかで生活自体が豊かになってきたことが挙げられる。食生活が欧米化し、脂質や糖質が多い食品を摂取する機会が増えた。また、女性の社会進出、単身世帯の増加などによる食の外部化も進んでいる。それに加え、過食・偏食などの食習慣の乱れのほか、産業構造の変化や技術革新に伴う運動不足や喫煙も進行を助長している。

(以上、第2段落)

　たしかに、生活習慣病を早期に発見するという今までの保健活動にも一定の効果があった。学校・職場・地域の健康診断で疾病を早い段階で見つけて治療する取り組みである。しかし、より医療費を圧縮し、健康寿命を延ばすには予防医学の観点が欠かせない。その鍵は疾病予防と健康維持である。望ましい食生活や運動を奨励するとともに、喫煙などの生活習慣病の要因となる行為を行わないことが肝心である。そのためには医療従事者が各家庭への保健活動を積極的に行い、保健指導を徹底する必要があると思う。

(以上、第3段落)

3

健

康

解説 第1段落：意見の提示…生活習慣病対策がなぜ必要なのか，どういう
対策が必要なのかをまず示している。

第2段落：理由説明…生活習慣病が発生する社会的背景を分析し，説明してい
る。

第3段落：意見の再提示…今までの生活習慣病対策では不十分であること，
その改善のためには予防医学の観点が必要であることを論じている。

喫　煙

定義

　喫煙とは，いわゆる「たばこを吸う」ことで，ナス科の植物であるタバコの葉に含まれているニコチンを摂取する行為にあたる。タバコの葉を乾燥・発酵させたものに火をつけ，その煙を吸引する。このニコチンには中毒性があり，体に有害とされている。

問題点

　ニコチンは中脳に影響を与え，快の感覚を得られるものであることが知られている。強い神経毒性を持つ一方で，毛細血管の収縮と血圧の上昇を引き起こす。また，依存性の高い薬物でもあり，ニコチン依存症となる恐れがある。一方，たばこの煙にはニコチン以外にも，種々の発がん性物質など多種類の有害物質が含まれており，循環器系や呼吸器系などに悪影響を与える。そして，肺がんをはじめとする種々のがん・虚血性心疾患・肺疾患のほか，胃や十二指腸の潰瘍などの消化器疾患，その他種々の疾患のリスクが増すので，生活習慣病(p.102参照)の一因として考えられている。妊婦が喫煙した場合には低体重児・早産・妊娠合併症(p.110参照)の率も高くなる。未成年者の喫煙は発育障害の原因にもなる。

問題点の背景

　喫煙が社会問題化したのは，受動喫煙による影響を懸念する声が高まってきたからである。たばこの先から出る副流煙に含まれる有害物質は，主流煙(喫煙者本人が吸う煙)よりも多いことがわかっている。また，受動喫煙により肺がん・虚血性心疾患・呼吸器疾患などのリスクが高くなることも報告されている。一般的には受動喫煙は非喫煙者の健康を脅かすもの，嫌煙権(p.110参照)を侵すものとして捉えられている。

3
健
康

対応策・解決策

　喫煙によるリスクを避けるには，喫煙者が禁煙することが必要である。たばこを我慢してニコチンに対する依存をなくすこと，禁煙グッズの活用，別のリラックス方法の実践などが考えられる。もう一つの対策は，非喫煙者が副流煙を吸うことのない環境を整えることである。日本では健康増進法(p.110参照)が2018年に改正され，公共施設などの敷地内は禁煙にするなど，受動喫煙防止のための措置が求められることになった。

👍 小論文にする時のポイント

　たばこの毒性や健康への悪影響を指摘するだけでは論の深みに欠ける。喫煙者当人への悪影響のみならず，非喫煙者や胎児などの第三者への悪影響など，他者を意識した論述にしたい。一方，禁煙を奨励しないという方向で論じることも考えられないことはないが，展開は難しいだろう。疾病予防の効果は，禁煙奨励のほうが高いと推測できるからである。

📝 過去の入試問題例

例　図「性別・年代別喫煙率の推移」を読み，いえることおよび考えられることを列挙し，最後に医師をめざすあなたの喫煙に関する考えを述べよ。

(福岡大・医学部)

例　喫煙と健康についてあなたの考えを述べよ。　　(群馬パース大・保健科学部)

例　種々の原因のために禁煙推進運動が進まないという主旨の英文を読み，「健康」な社会を築くためには何が必要だと考えるかを述べよ。　(岡山大・歯学部)

例　国立がん研究センターが発表した，受動喫煙がある人はない人に比べて肺がんリスクが約1.3倍という研究結果について述べた新聞記事と，この発表に対するJT (日本たばこ産業株式会社)のコメントを読み，受動喫煙対策に関してのあなたの意見を述べよ。

(旭川医科大・医学部)

☑ 合併症

ある特定の病気が原因となって起こる別の疾患のこと。また、手術や検査に起因する疾患のことをいう。

例えば、妊娠合併症とは、妊娠糖尿病・妊娠高血圧症・感染症・前置胎盤（胎盤の一部が子宮下部に付着し、子宮口を覆うもの）などのような、妊娠に伴って特徴的に発症する疾患のことである。

☑ 嫌煙権

非喫煙者がたばこの煙を体内に入れないようにすることを求める権利のことをいう。具体的には、非喫煙者の健康と生命を守るために、公共の場所や職場などでの禁煙・分煙（喫煙室を設けるなどして、非喫煙者がたばこの煙を吸わないですむようにすること）などの制度的な規制を確立することを目指している。

☑ 健康増進法

高齢化社会に対応した国民の健康増進策の基本を決め、国民の保健の向上を図ることを目的として、2002年に公布、2003年から施行された法律のことをいう。

2018年に健康増進法が一部改正され、2019年からは学校や病院などの公共施設の敷地内が禁煙に、2020年からは工場やホテル、飲食店などの屋内が原則禁煙となった。喫煙を認める場合には喫煙専用室などの設置が必要である。

☑ taspo（タスポ）

2008年から順次日本全国に導入されている、成人識別ICカードの名称、および同カードを使用したシステムの総称のこと。日本国内では2008年7月以降、自動販売機でたばこを購入する時にはtaspoによる成人識別が必要となった。

☑ 電子たばこ・加熱式たばこ

近年、従来の紙で巻いたたばこに類似した、電子たばこ（ニコチンなどを含む液体を気化させて吸引するもの）や加熱式たばこ（タバコの葉を加熱してニコチンを含む気体を生成させて吸引するもの）が販売されている。その有害性についてはさまざま議論されているが、世界保健機関（WHO）は電子たばこや加熱式たばこは紙巻きのものと同様有害であるとの見解を示している。

答案例

3
健
康

問題 喫煙について，あなたの考えを述べよ。**600字以内**

模範回答 タバコの葉に含まれているニコチンは中脳に作用し，快の感覚を与えることが知られている。しかし強い神経毒性をもち，毛細血管の収縮と血圧の上昇を引き起こす。また，多種類の有害物質が含まれており，循環器系・呼吸器系などに悪影響を与えるほか，発育障害の原因にもなる。しかも，主流煙よりも有害物質が多く含まれる副流煙は，非喫煙者にも悪影響を与えかねない。ゆえに，喫煙による疾患を食い止める方策を取る必要がある。　　　　　（以上，第1段落）

　たしかに，喫煙にはリラックス効果があるという人がいる。また，喫煙は悪であると決めつけて禁煙を推し進めるのはおかしいと主張する人もいる。しかし今なすべきことは，喫煙か禁煙かといった類の議論ではなく，喫煙による健康被害のリスクを抑えることだ。喫煙よりも禁煙や分煙策を講じるほうがそのリスクは抑えられる。　　　　　　　　　　　　　　　　　　　　　　　　（以上，第2段落）

　よって，まず喫煙は健康を害するものであると捉える必要がある。そして，禁煙してニコチンに対する依存をなくすこと，禁煙グッズを活用すること，別のリラックス方法を実践することなどの禁煙への行動を起こすべきである。その一方で，公共空間での禁煙実施や分煙をさらに推進して，非喫煙者がたばこの煙を吸わずにすむ環境を整えることを並行して行うことも欠かせないと考える。

　　　　　　　　　　　　　　　　　　　　　　　　　　　　（以上，第3段落）

解説 第1段落：意見の提示…たばこがもつ有害性を根拠に，喫煙による疾患を食い止める方策の必要性を述べている。
第2段落：理由説明…喫煙容認派の主張に触れつつも，喫煙による健康被害のリスクを抑える必要があることを述べて，禁煙の正当性を説明している。
第3段落：意見の再提示…喫煙は健康を害するものとして捉え，禁煙や分煙をすることの必要性を論じている。

＞ 肥　満

定義

　カロリーの過剰摂取によって，脂肪が蓄積した状態のこと。消費カロリーよりも摂取カロリーが多くなることから起こる。おもな要因としては，運動不足と食生活の変化によるカロリーの過剰摂取といった環境的なもの，遺伝的な要因，基礎疾患による症状によるものなどが挙げられる。ここでは，環境的要因による肥満を取り上げる。

問題点

　肥満は健康に悪影響を与える。特に，重度の肥満者は正常体重者よりも罹患リスクや死亡リスクが高い。過剰に蓄積した脂肪は，皮下脂肪から内臓脂肪となり，さらにさまざまな臓器に沈着する。それに伴って，がんや高脂血症・高血圧・動脈硬化・糖尿病などの生活習慣病(p.102参照)をはじめとした合併症を引き起こす割合が高くなる。また，皮下脂肪の増加により睡眠時無呼吸症候群(p.115参照)になることもある。

　また，社会にも悪影響を与える。肥満者は生活習慣病にかかるリスクが高いことなどの理由により，肥満者の医療費は正常体重者よりも高くなる傾向にある。また，その傾向は肥満の程度が高いほど強いといわれている。つまり，肥満は医療費上昇の一因となっているのである。

問題点の背景

　肥満者が増加した背景は多岐にわたる。食料供給量の増加，食の欧米化や外部化など，食料の供給事情が時代とともに変化し，摂取カロリーが増加したことが大きい。一方で，肉体労働の減少やストレスの増加，労働の長時間化などといった労働環境の変化や，遊び場やスポーツ施設の減少，屋内で娯楽を楽しむ機会の増加など，遊び空間の屋内化や静的遊びへのシフトなどにより現代人は運動不足となる傾向にあり，そのことで脂肪が蓄

積しやすいこともある。

対応策・解決策

　肥満を予防・改善するには，カロリー摂取量の制限（食事療法）と運動量の増加（運動療法）が欠かせない。個人によるカロリー制限や運動もさることながら，政府や企業の関与も必要である。政府レベルであれば，栄養ガイドラインや自転車利用・徒歩の推奨，健康増進に関する啓蒙活動，健康を害する食材の使用禁止措置などが考えられる。企業レベルであれば，肥満につながる食材を避けることや低カロリー食品の提供，食品の成分表示などが挙げられる。また，健康診断時のメタボリックシンドローム（p.114参照）の判定など，予防医療に向けた対策も効果的である。

👍 小論文にする時のポイント

　肥満者本人の健康への悪影響を指摘するのはもちろんだが，結果的に医療費上昇の要因となるなどの社会的影響も指摘しておきたい。また，肥満者が増加する背景まで掘り下げて考察できると，なおよい。ただし，肥満の背景は多岐にわたるため，現代人の「運動量の低下」「摂取カロリーの増加」の指摘に重きを置いて説明するとよい。

📝 過去の入試問題例

例　近年，高齢化が進む中にあって，生活習慣病の増大が大きな健康問題となっている。肥満は生活習慣病の危険因子の一つである。図表を読み，日本人の肥満の傾向を述べたうえで，なぜ肥満が生活習慣病に関連すると思うか，また，肥満の予防として個人的，社会的な対策について，あなたの考えを述べよ。

（浜松大・保健医療学部・理学療法学科）

例　現代の肥満について述べた英文を読み，「小児期肥満は，寿命，国民経済と我々の社会にどのような影響を及ぼすか」について考えられることを述べよ。

（奈良県立医科大・医学部）

113

☑ 体脂肪率

体内に含まれる脂肪の割合のことをいう。一般的には体重と身長で計算可能なBMIなど、簡易的な判断法が広く使われていた。なお、BMIは体脂肪率とは異なる数値であり、肥満か否かを区別する目安となる数値である。しかし、機械で正確に体脂肪率を計測できる体脂肪計などが一般に普及し始め、体脂肪率によって肥満の判定も可能になった。

なお、体脂肪率は理想の数値がある一定範囲(例えば成人男性は15〜20%など)で目安として定められている。よって、低ければ低いほどよいというものでもない。低すぎると基礎代謝や体温の低下、筋力の低下を招くことがある。また、女性の場合はホルモンバランスの異常から、生理不順や早発性閉経を招くこともある。

☑ 基礎代謝

生命を維持するため(生きるために意識せずとも行う動作;呼吸や体温を保つことなど)に自動的に行われている活動のこと。エネルギー量に関しては16歳から18歳でピークを迎えるものの、一般成人で、1日に女性で約1200キロカロリー、男性で約1500キロカロ

リーとされている。これは総消費エネルギーの約7割を占めている。

☑ メタボリックシンドローム

メタボリックシンドロームとは、腹囲が男性で85cm、女性で90cm以上であり、かつ高血糖・高血圧・高脂血症のうち2つ以上の症状に当てはまる状態のことをいう。

おもな原因はカロリーの過剰摂取と運動不足である。このことで必要以上に内臓脂肪が増え、代謝の異常が生じてしまう。症状が進むと血液中のコレステロールや中性脂肪が必要以上に増えるなどして、動脈硬化の原因になる。

☑ BMI (ボディマス指数)

肥満の程度を指し示す数値のこと。計算式は「体重÷身長の2乗」である。もともとは小児の発育指数として利用されるなどして普及してきたが、この指数は体脂肪率が考慮されていないため、正確に肥満度を表す指標とはいえない。例えば、高体重であれば低体脂肪率であった場合でも肥満となり、低体重であれば高体脂肪率であった場合でも痩せと判定されることになるためである。このような問題はあるものの、計算式が簡便なこともあり、あくまで

「目安」として指標の一つとなっている。

☑日本人の食事摂取基準

厚生労働省による定義では，「健康な個人および集団を対象として，国民の健康の保持・増進，生活習慣病の予防のために参照するエネルギーおよび各栄養素の摂取量の基準を示すもの」としている。すなわち，食事摂取の基準を数値化することで日本人の健康増進のための目安を明確化しようという試みである。各栄養素における目安量・目標量・推奨量をライフステージ(乳児・小児・成人・高齢者・妊婦や授乳婦など)に分けて定めている。

☑睡眠時無呼吸症候群

睡眠時に呼吸が停止，または呼吸頻度が極端に少なくなる病気のことをいう。原因は多岐にわたるが，おもに気道がふさがれるために呼吸が満足にできなくなったり，それにより熟睡が妨げられたりするために引き起こされる。いびき・就寝中の意識覚醒の短い反復・脳の不眠・昼間の眠気・抑うつ・集中力の低下・起床時の頭痛などがその症状である。

呼吸が行われにくくなると，動脈血中の酸素が不足し，二酸化炭素が溜まる。そのため長期的に症状が続くと，不整脈・心筋梗塞・脳梗塞などが起こる危険性も高まる。

答案例

問題 肥満について，あなたの考えを述べよ。**600字以内**

模範回答 肥満は健康に悪影響を与える。特に，重度の肥満者は正常体重者よりも罹患リスクや死亡リスクが高い。過剰に蓄積した脂肪は皮下脂肪から内臓脂肪となり，他の臓器に沈着して，がんや高脂血症・高血圧・動脈硬化・糖尿病などの生活習慣病をはじめとした合併症を引き起こす原因となり，睡眠時無呼吸症候群になるリスクも高まる。　　　　　　　　　　　　　　　　　　　　　（以上，第1段落）

　また，社会的にも悪影響を及ぼす。肥満者は生活習慣病にかかるリスクが高いなどの理由により，肥満者の医療費は正常体重者よりも高くなる傾向にある。つまり，社会が負担する医療費が上昇する一因となっているのである。
　　　　　　　　　　　　　　　　　　　　　　　　　　　　　（以上，第2段落）

　肥満者増加の背景は多岐にわたる。食料供給量の増加，食の欧米化・外部化など，食料供給事情が変化して摂取カロリーが増加したことが大きな要因だ。他方で，肉体労働の減少・ストレスの増加・労働の長時間化などの労働環境の変化や，遊び場やスポーツ施設の減少，屋内で娯楽を楽しむ機会の増加など，遊び空間の屋内化や静的遊びへのシフトなどによる運動不足で脂肪が蓄積しやすい。

　　　　　　　　　　　　　　　　　　　　　　　　　　　　　（以上，第3段落）

　肥満の予防・改善には，食事療法と運動療法が欠かせない。個人によるカロリー制限や運動もさることながら，行政の関与も必要だ。健康増進に関する啓蒙活動，健康を害する食材使用の禁止，予防医療の積極的な推進などが考えられる。

　　　　　　　　　　　　　　　　　　　　　　　　　　　　　（以上，第4段落）

解説　第1段落：意見の提示①…肥満は健康に悪影響を与えることを論じている。
　第2段落：意見の提示②…肥満は医療費上昇の一因となることを論じている。
　第3段落：理由説明…肥満者がなぜ増加しているのか，摂取カロリーの増加と運動量の減少という観点から説明している。
　第4段落：意見の再提示…予防のためには，運動療法と食事療法といった個人の対応だけにとどまらず，行政の関与の必要性があることを論じている。

ストレス

出題頻度 → 医 歯 薬 看 リハ ★

定義

外部の刺激(ストレッサー；p.119参照)によって引き起こされる生体の歪みのこと。ストレッサーは多岐にわたるが，ここでは人間関係のトラブルのほか，精神的な苦痛・怒り・不安・憎しみ・緊張などといった精神的なストレッサーによるもの(精神的ストレス)について触れたい。

問題点

精神的ストレスは心身の病気の原因となりやすい。ストレスがかかると，体温・血圧・血糖値・呼吸数の上昇，筋緊張，血液の濃縮などが見られる。通常であれば，生体はストレスに抵抗して元の状態に戻ろうとする。また，継続するストレスの場合，生体はストレッサーと抵抗力のバランスを保つために，生体防御反応を完成させる。しかし，ストレスが過度になると，適応するためにエネルギーを消耗し，身体機能が低下する。そして，免疫機能の低下や自律神経の失調を引き起こす。こうしてうつ病や神経症といった心の病気や，胃潰瘍や過敏性大腸症候群・気管支喘息・片頭痛・心身症・アトピー性皮膚炎・円形脱毛症といった心身症が発症するといわれている。

問題点の背景

ストレスが生じる背景は複雑多様である。本人の性格に加え，家族・上下・友人関係による葛藤や苦しみ，家庭・職場・学校などで与えられた役割が果たせないことによる苦悩や空虚感，欲求不満など，その人が置かれている状況や環境が絡み合って心身に影響を与えている。それに加え，高度情報化社会における職場でのテクノストレス(p.120参照)，不況による解雇や就職難，核家族化による仕事と育児の両立困難，受験戦争，介護疲れなどの社会的背景からもストレスは生じる。

まずは，ストレスを軽減することが何よりも必要である。リラックスした状態を作って気持ちを静めたり，運動したりして，ストレスを別の方法で解消することが考えられる。また，ストレスの原因となっている事柄について，評価を変えてみたり，前向きに考えたりするなど，捉え方を変えてみるのもよい。自らの気持ちや考えを相手に伝えたり，我慢できそうな時には我慢したりする必要があるかもしれない。さらに，場合によってはストレッサーから逃げてみたり，相談相手や専門家など他者の助けを借りたりする場面も必要になるだろう。

👉 小論文にする時のポイント

入試では「ストレスの対処法」「ストレスとの向き合い方」についてよく出題される。ストレス源となる事柄から遠ざかることが根本的な対策であろうが，ストレスはその多くが社会生活の中で発生することを考えると，完全になくすことは不可能と考えておかなければならないだろう。このことを念頭に置き，ストレスを軽減する方法を中心にした記述をしておきたい。

📑 過去の入試問題例

例 ストレスについて述べた文章を読み，「不快なことや苦手なことと向き合い，乗り越える体験をする中で，人間は依存状態を離れ，自由を手にしていくのだ」という考え方に対するあなたの意見を将来，職業人として直面するであろうストレスとどう向き合っていくべきかという視点から述べよ。

（茨城県立医療大・保健医療学部）

例 表から読みとれる若者の悩みやストレスを，男女差や他年齢層と比較してその特徴を述べ，心の健康を保つ生活方法に関する意見を述べよ。

（滋賀医科大・医学部・看護学科）

例 ストレスについて述べた文章を読み，「われわれは，永遠にストレスの苦痛

から逃れられないのだろうか」の問いかけに対するあなたの考えを述べよ。

(兵庫医科大・医学部)

例「昨日, 大きなストレスを感じたか」と質問したところ, ストレス度数の高い国ほど, 繁栄度も高く, 国民の幸福度や人生に対する満足度も高いという世論調査の結果が出たことについて述べた文章を読み, 文章の内容を踏まえた上で,「ストレスと幸福」についてあなたの考えを述べよ。 (産業医科大・医学部)

🔍 関連キーワード

☑ ストレッサー

ストレスの原因となる刺激のこと。温度による刺激, 騒音などによる刺激などといった物理的ストレッサー, 酸素の欠乏や過多, 薬害, 栄養の不足などといった化学的ストレッサー, 病原菌などによる生物的ストレッサー, 人間関係のトラブル, 精神的な苦痛, 怒り, 不安, 憎しみ, 緊張などによる精神的ストレッサーがある。

☑ ホメオスタシス(恒常性)

生物体や生物システムが, 環境の変化を受けながらも, 個体やシステムの内部環境を一定状態に保つはたらきのことをいう。その働きは体温や血圧, 体液の浸透圧, ph, 微生物やウイルスなどの異物排除, 創傷の修復など, 生体機能全般に及ぶ。

恒常性を保つ役割を担うのが間脳の視床下部(交感神経・副交感神経・内分泌の調節機能・欲求などの本能行動・怒りや不安などの情緒行動の中枢を担う)であり, その指令を伝達するのは自律神経系や内分泌系(ホルモン分泌)である。

☑ うつ病

気分の変調により, 苦痛を感じたり, 日常生活に支障をきたしたりする気分障害の一種で, 症状として抑うつ気分や不安・焦燥・精神活動の低下・食欲低下・不眠症などを引き起こす精神疾患のことをいう。

脳内物質(ドーパミン, ノルアドレナリン, セロトニンなど)が不足して起こる内因性うつ病と, 性格や心理的葛藤などが原因となって起こる心因性うつ病, 脳や体の病気などによって起こる外因性うつ病に分類され, 脳と心の両面から起こるといわれている。ただし, 原因についてはさまざまな仮説

が存在しており，学問的には明確な結論は得られていない。

☑ アロマテラピー

花や木など植物に由来する芳香成分（精油）を用いて，心身の健康や美容を増進する技術もしくは行為のことをいう。また，お香やフレグランス・キャンドルも含め，生活に自然の香りを取り入れてストレスを解消したり心身をリラックスさせることも含めて呼ぶ場合も多い。

☑ 主人在宅ストレス症候群

夫が定年退職やリストラによって常時在宅することで，妻が昼夜を問わず束縛され，そのことによるストレスが原因で病気となる状態のことをいう。胃潰瘍・高血圧などの身体症状のみならず，過敏性大腸症候群や過換気症候群などの心身症，うつ状態やパニック障害など心理的色彩の濃いものまで，さまざまな症状を示す。薬による治療のほか，カウンセリングや夫婦関係の調整などが必要になる。

☑ 心的外傷後ストレス障害 （PTSD）

死亡や重症を負うような出来事が原因となって起こるさまざまなストレス障害のことをいう。地震・洪水・津波・火事のような災害，事故・戦争などの人災，犯罪などがおもな原因となる。その結果，不安や不眠などの過覚醒症状，トラウマの原因となった出来事への回避傾向，出来事に関わる追体験（フラッシュバック）といった症状が現れる。また，出来事の記憶の喪失，幸福感の喪失，感情の麻痺，興味や関心の減退，腹痛・頭痛・吐き気・悪夢などの心身障害が起こることもある。

☑ テクノストレス

コンピューターやOA機器との関係が不全となった時に起こる精神的な失調症状の総称。高度情報化社会に適応できていないことへの不安を原因とするテクノ不安症のほか，コンピューターがないことに不安感を抱いたり，人付き合いを煩わしく感じたりするテクノ依存症がある。前者は仕事のうえでコンピューターを使わなければならなくなった中高年ホワイトカラーに，後者はコンピューター愛好者にそれぞれ多く見られる。

☑ 認知行動療法

事象・自動思考・感情・行動が密接に関わっていることに着目して，認知療法と行動療法を合わせた療法を認知行動療法と呼ぶ。具体的には，学習心理学に基づいた科学的行動理論を用い

3
健
康

て，不適応を引き起こす考え方や感情，行動を改善し，適切な反応を学習させることを治療法とする。あらゆる精神疾患において，高い効果があるとされている。

なお，認知療法とは，ある事象に遭遇した際に自動的に起こる自動思考のうち，ストレスにつながる感情を認知し，改善を図る治療法のことである。一方，行動療法とは，特定事象下で起こる自動思考・感情・行動を一連の行動特性とし，学習心理学を用いてこの行動特性を分析する。そして，改善へと向かう新たな行動特性を学習することにより症状を軽減させる治療法のことである。

☑ バイオフィードバック

無意識的に変化する体内状況を，工学的手法を用いて知覚できるようにし，その情報により自己制御を図る技法のことをバイオフィードバックという。具体的には，脳波や心拍数・血・体温などの自律神経が司る体内変化を同時に計測して知覚することで，意識的に数値をコントロールする方法を身に付け，治療法とする。

てんかん・頭痛・心身症・気管支喘息などに効果があるほか，スポーツ選手のトレーニングとしても採用されている。また，脳障害後のリハビリテーションや集中力の向上，ストレスの緩和などにも有効であることから，高齢者向けのリハビリ用のほか，一般家庭での応用など，今後が期待される技術である。

121

答案例

問題 ストレスが引き起こす問題と対処法について，あなたの考えを述べよ。

600字以内

模範回答 ストレスとは，外部の刺激によって引き起こされる生体の歪みのことである。特に，精神的ストレスは心身の病気を引き起こすことが問題である。過度なストレスがかかると適応するためのエネルギーを消耗して身体機能が低下するため，免疫機能の低下や自律神経の失調を引き起こす。こうしてうつ病や神経症といった心の病気や，胃潰瘍や片頭痛，過敏性大腸症候群をはじめとした心身症が発症するといわれている。 （以上，第1段落）

　ストレスが起こる背景は複雑多岐にわたる。本人の性格に加え，家族・上下・友人関係による葛藤や苦しみ，家庭・職場・学校などで与えられた役割が果たせないことによる苦痛や空虚感，欲求不満など，その人が置かれている状況や環境が関係する。それに加え，不況による解雇や就職難，核家族化による仕事と育児の両立困難，受験戦争，介護疲れなどの社会的背景もある。 （以上，第2段落）

　根本的な対策はストレス源から遠ざかることであるが，ストレスが社会の中で発生する以上，私たちの生活からストレスを完全になくすことはできない。そこで，まずはストレスを軽減する方法を試みたい。リラックスしたり運動したりして，ストレスを別の方法で解消することが必要である。また，ストレス源の事柄について前向きに考えたりするなど，捉え方を変えてみるのもよい。

（以上，第3段落）

解説 第1段落：意見の提示…ストレスは心身の病気を引き起こす点が問題であることを主張している。
　第2段落：理由説明…ストレスが起こる背景を，本人の性格・人間関係・社会的背景の3点から説明している。
　第3段落：意見の再提示…ストレスの対処法について述べている。ストレスは完全になくせないことを踏まえて，ストレス軽減の方法を論じている。

アスベスト

定義

　自然界に存在する繊維状ケイ酸塩鉱物のことで，石綿(いしわた)とも呼ばれている。繊維が非常に細く，髪の毛の5000分の1程度である。耐久性・耐熱性・耐薬品性・絶縁性に優れているので，建築の断熱材・防火材などとして多く使用されてきた。

問題点

　微量のアスベストは世界中の空気中に存在し，微量であれば吸入しても人体に問題はない。しかし，高濃度のアスベストを長期間吸入すると，繊維が肺に刺さり，塵肺(じんぱい)(p.125参照)・肺がん(p.125参照)・間質性肺炎(肺線維症)・中皮腫(p.125参照)の原因となることが指摘されている。建物の解体作業やアスベストを使用した資材の製造工程では多くのアスベストが飛び散るため，それらで働く作業者の健康被害のリスクは高い。また，災害で倒壊した建物によるアスベスト被害も報告されている。

問題点の背景

　アスベストが注目されるようになったのは，健康被害が作業員のみならず，彼らの家族や工場や解体現場の周辺住民にまで拡大し，社会問題化したことにある。そもそもアスベストの人体への有害性は20世紀中頃までには専門家の間で指摘されており，世界保健機関(WHO)はアスベストを発がん性物質と断定していた。

　日本においても1975年に吹き付けアスベストの使用禁止，1989年に特定粉塵に指定，2004年にアスベストを1%以上含む製品の出荷の原則禁止措置をとっていた。しかし，2005年にアスベストを使用した資材などを製造していた工場の従業員やその家族が中皮腫や塵肺などで死亡していたことが報道され，製造企業の労働災害および健康被害として表面化した。

　石綿の粉塵管理を行うなど，アスベストの製造に規制をかけることが根本的な改善策として考えられる。また，アスベストを使用している建物の解体現場の作業員の健康をいかにして守るかも重要課題である。

　一方，すでにアスベストを長期間吸引してしまった人々への対策も必要だが，細かい石綿繊維を肺から除去することは事実上不可能であるゆえ，対症療法と予防医療が対策の中心となる。レントゲン検査で経過観察を続けるほか，禁煙によって悪性腫瘍の発症率を上昇させないようにすること，発症した場合の投薬や外科的治療などが考えられる。また，アスベストの被害を受けた人々への補償も欠かせない。現在，政府は「石綿による健康被害の救済に関する法律」を施行しているが，対象疾病の範囲が狭いことなどから，肺がんや中皮腫による死者の多くは救済認定を受けられていない現実がある。

👉 小論文にする時のポイント

　入試では，アスベストの健康被害への対応策について論じるように求められる。その時，アスベストを取り扱う作業者だけを対象にした観点ではなく，周辺住民や家族への配慮についても指摘しておきたい。また，アスベスト繊維が肺に刺さるとその除去が難しいことから，肺疾患にかかった後の対症療法が主になることを知っておくと，現実的な論述を進めるうえで役立つ。

📑 過去の入試問題例

例　アスベスト〈石綿〉を扱った工場の労働者やその家族，周辺の住民に健康被害が広がっている。この問題についてその概要を説明し，次にあなたの意見と感想を述べよ。　　　　　　　　　　　　　　　（帝京平成大・ヒューマンケア学部）

例　アスベストに関する新聞記事から，発がん性のある石綿による健康被害について述べた部分を読み，学校の先生になったつもりで，「石綿問題」について論じよ。　　　　　　　　　　　　　（京都府立医科大・医学部・看護学科）

🔎 関連キーワード

☑ 塵肺

　長期間吸引した粉塵が肺細胞に蓄積することによって起こる肺疾患をいう。咳・痰・息切れ・呼吸困難・動悸などが症状の例である。

　ヒトの呼吸器には異物を排除する機能が備わっているが，$10\mu m$以下の粉塵は排除されずに肺胞に到達する。肺胞に到達した粉塵のほとんどは呼気とともに体外に排出されるが，一部は残り，付着すると肺胞やその周囲で炎症を起こしたり，細胞組織に変化を起こしたりする。気管支に炎症を生じたり，肺の間質組織が線維化すると，間質性肺炎(肺線維症)を発症しやすい。

☑ 肺がん

　肺にできるがん(悪性腫瘍)のことをいう。肺がんはあらゆるがんのなかで死亡率が最も高い。

　肺がんを引き起こす最も大きな要因は喫煙である。たばこには発がん性物質が含まれており，1日の喫煙量や喫煙してきた期間に比例して発がん率が高くなるといわれている。また，高濃度アスベストの長期吸引も肺がんの原因として考えられている。

　たばこの煙やアスベストは家族や同じ職場の同僚，近隣住民などが受動的に吸い込むことも多く，その人たちにも肺がんの危険性が高まる。

☑ 中皮腫

　心臓や肺，腹部臓器を覆う膜のことを中皮と呼び，中皮腫とは中皮にできる腫瘍を指す。

　中皮腫の原因の80％はアスベストであるとされている。アスベストを吸入してから中皮腫の発症まで20年以上かかるとされているため，今後も患者が増えることが予想される。症状としては息切れや胸痛・咳などがある。

☑ 労働災害

　労働者が業務上や通勤中に被った災害のことで，略して「労災」ともいう。作業中(休憩を含む)や出張中，通勤中の怪我や疾病，障害，死亡のほか，過労死や過労自殺なども含まれる。労働災害には労働者災害補償保険が適用され，公務員・船員以外のすべての労働者が対象とされている。

答案例

問題 アスベスト問題と対応策について，あなたの考えを述べよ。**600字以内**

模範回答 アスベストは耐久性・耐熱性・耐薬品性・絶縁性に優れ，建築の断熱材や防火材として多く使用されてきた。繊維が非常に細いので，高濃度のアスベストを長期間吸入すると，肺疾患の原因となる点が問題である。(以上，第1段落)

建物の解体作業やアスベストを使用した資材の製造工程などでは，多量のアスベスト繊維を吸い込む恐れがある。その繊維が肺に刺さり，塵肺・肺がん・間質性肺炎・中皮腫の原因となる。工場や解体現場の作業者の吸引リスクは高いが，彼らの家族や工場や現場の周辺住民にまで被害が拡大する可能性がある。2005年には，アスベストを使用していた工場の従業員やその家族が中皮腫や塵肺などで死亡していたことが報道され，社会問題化した。(以上，第2段落)

こうした事態に対しては，アスベストの製造規制やアスベストを使用している建物の解体時に粉塵管理を行うなど，アスベストを吸い込まないようにする対策が欠かせない。一方，すでにアスベストを長期間吸引してしまった人々への対応も必要だ。ただし，細かい石綿繊維を肺から除去することは事実上不可能であるゆえ，対症療法と予防医療が対応の中心となる。継続したレントゲン検査のほか，禁煙などの悪性腫瘍の発症率を上昇させないようにする取り組み，さらには発症時における投薬や外科的治療などが考えられる。(以上，第3段落)

解説 第1段落：意見の提示…アスベストは肺疾患の原因となる点が問題であることを論じている。

第2段落：理由説明…なぜ肺疾患となるのか，どのような人々に健康被害が及ぶのかを述べている。

第3段落：意見の再提示…アスベスト問題の対応策を述べている。アスベストを吸引しないための方策のほか，すでに吸引してしまっている人々への対応策も示している。

高齢者と健康

定義

　国連の世界保健機関（WHO）は，満65歳以上の人を高齢者（p.129参照）と定義している。日本では平均寿命が上昇し，人口の多い団塊の世代が70代となり，高齢者が増加する傾向が続いている。また，高齢になるほど健康に関心が高いといわれており，何らかの健康づくりを実践する高齢者の割合は若年層と比べて高い傾向にある。具体的な例としては，食生活上の摂生，適度な運動や休養を心がけるなどである。

必要性

　高齢になればなるほど，加齢に伴う運動機能の衰えや記憶力の減退などが目立ってくる。また，体力や抵抗力の低下により，疾患が慢性化しやすくなる。長くなった人生を有意義に過ごすためには，心身に障害なく，健康で自立した生活ができるようにしなければならない。そして，衰えや疾患を未然に防ぐためには，生活習慣を改善し，肥満や喫煙などの健康を妨げる危険因子をできるだけ減らす努力が欠かせない。こうした取り組みは健康寿命（p.105参照）を延ばし，結果として高齢者の生活の質（QOL）（p.26参照）を高めることにつながる。また，高齢者ができるだけ長く自立して生きていけるように，福祉面での支援も欠かせなくなっている。

必要性の背景

　高齢者は公営保険を用いて医療や介護サービスを受けているが，高齢になるほど一人当たりの医療費が高くなる傾向にあり，介護が必要な高齢者が増えるとそれにも費用がかかる。今後さらに高齢化が進むと医療費や介護費は一層増大し，財政を圧迫する恐れがある。こうした費用の多くは現役世代が負担することになるが，財政の悪化を防ぎ，現役世代の負担を軽減するためには，高齢者の健康を保つ必要がある。健康な高齢者が増えれ

ば，医療費や介護費を低減させる効果が期待できるからである。

対応策・解決策

　高齢者自身の健康を保つためには，体力づくりが欠かせない。寝たきり状態を防止し，疾病や認知症を予防するためには，適度な運動や文化活動への参加を推進したり，生活習慣の改善などが考えられる。また，若いうちから対策を講じておきたい事柄もある。例えば，寝たきりの原因の一つである脳卒中を防止するために栄養管理を行うことや，骨粗鬆症(p.131参照)を防止するためにカルシウムを摂取すること，さらには咀嚼機能(食べ物を噛み砕く機能)の保持をはじめとした歯の健康維持のために8020運動(p.71参照)を推進することなどである。

　また，厚生労働省は2011年に，「健康寿命をのばしましょう」をスローガンとしてスマート・ライフ・プロジェクトを立ち上げた。このプロジェクトでは運動・食生活・禁煙の3分野を中心に具体的な行動を促している。

👆 小論文にする時のポイント

　入試では，高齢者の健康寿命を延ばす方法の論述を求められることが多い。健康寿命を延ばすためには高齢になってからの取り組みだけでなく，若い頃からの健康維持への配慮が欠かせないことも論じておこう。また，高齢者の健康づくりが求められる社会的背景にも触れておきたい。これらのことは，今後の高齢化のさらなる進展が医療費・介護費の増大を招くことから，その対策の一環としての機能を担っていることも知っておくとよい。

📑 過去の入試問題例

例 高齢者保健に関する文章の中にある，運動の身体的効果と精神的効果について述べた一節を読み，意見を述べよ。　　　　　　(埼玉医科大短大・理学療法学科)

例 僧侶の長寿の秘訣について述べた文章を読み，僧侶が長生きする理由として筆者がいくつか挙げている中で，あなたがおもな理由と考えるもの3つについ

て要約し，あなたがそれらを参考に健康で長寿をめざすとしたら，どのように
それらを取り入れていったらよいか，現実の自分や家族の日常に照らして考え
を述べよ。 (北海道大・医学部・保健学科)

例 高齢社会において，健康で長生きするためには，どのような社会の仕組みが
あればよいと思うか。論述せよ。 (広島大・医学部・保健学科)

🔑 関連キーワード

☑ 高齢者

年齢分布において比較的年齢が高い人を一般的に高齢者というが，国連の世界保健機関(WHO)では65歳以上の人を高齢者とし，65〜74歳までを前期高齢者，75歳以上を後期高齢者と細分している。

☑ 高齢化

年齢分布における人口構造が高齢化していくこと，すなわち，65歳以上の人口が増大することをいう。国連の定義によると，総人口に占める65歳以上の人の割合が7％を超えると高齢化社会，14％を超えると高齢社会，21％を超えると超高齢社会と区分している。日本は1970年に高齢化社会，1994年に高齢社会，2007年に超高齢社会となった。

高齢化は総人口と年少人口が安定もしくは減少する一方，高齢人口が相対的に増加することによって生じる。日本では少子化が進む一方で，栄養状態の改善や医療技術の向上などによって平均寿命が延びたことで，高齢化が進んだと考えられている。

☑ 年齢区分

日本では統計上，15歳未満を年少人口，15〜64歳を生産年齢人口(現役世代)，65歳以上を老年人口のように年齢別に区分けして，年ごとの人口推移を示している。

現状では，全人口に対する老年人口比(高齢化率)が28.1％，年少人口比が12.2％となっている(2018年現在)。将来の人口推移の予測によると，前者が上昇する一方で後者が減少し，2050年には老年人口比が40％弱，年少人口比が10％程度となると言われている。

☑ 平均余命

ある年齢に達した人が，平均してあと何年生きられるかを示したものをい

う。特に，0歳のときの平均余命を平均寿命ともいう。

日本では厚生労働省が毎年「簡易生命表」として公表している。日本人の男性の平均寿命は81.25歳，女性の平均寿命は87.32歳（いずれも2018年統計）であり，戦後直後から現在までほぼ毎年平均寿命が延びている。

なお，1947（昭和22）年における日本人の平均寿命は，男性が50.06歳，女性が53.96歳であった。

☑ 高齢社会対策基本法

高齢社会対策を進めるため，1995年に制定された法律のことをいう。この法律に示された基本理念に基づいた対策の指針として，政府は高齢社会対策大綱を策定している。この指針には，高齢者の健康づくりの推進，保健・医療・福祉サービスの充実，高齢者の社会参加活動の促進，高齢者に配慮した街づくりなどの方針が示されている。

☑ 公営保険

日本では公営保険（健康保険制度・後期高齢者医療制度・介護保険など）という仕組みがある。加入者が保険料を支払う代わりに，医療や介護が必要になった時には低負担で受診できたり，介護サービスを受けることができる。実際に要した費用と加入者が支払った金額との差額は，加入者の保険料と国・地方自治体の負担金などで賄われる。

☑ 高齢者にかかる医療費・介護費

厚生労働省によると，2017年における医療費は国民1人当たり平均34.0万円であるが，65歳以上での平均は73.8万円，75歳以上になると平均は92.2万円となった。また，2018年における介護保険利用者1人当たりの費用の平均は17.1万円となっている。厚生労働省の「健康日本21」（p.106参照）は，平均寿命と健康寿命の差を縮めることを目標としている。

☑ 高齢者雇用安定法

高齢者の安定した雇用を確保するための環境整備などを定めた法律をいう。日本では定年退職制度という雇用慣行があるが，定年退職後に働きたくとも再就職先を見つけることが難しい現実がある。これが高齢者の就労意欲の妨げになっており，その対策としてこの法律が定められた。

具体的には，事業主（企業）は定年齢を引き上げること，定年に達しても継続して雇用する制度を導入すること，定年制度を廃止することのいずれかを行わなくてはならないと定めている。

☑ 孤立死

孤独死(一人暮らしの人が自宅において誰にも看取られずに死亡すること)のうち、社会的孤立のために住居内で死後も他人に気づかれず遺体がそのままとなったケースのことを指す。高齢者の孤立死がニュースなどで話題となることもあり、社会問題として取り扱われる。普段から隣近所との付き合いもないなど、社会的に孤立していて誰にも助けを求められなかったことが一因といわれている。

孤立死を回避するためには、自治会などの地域コミュニティへの積極的な参加、訪問介護やボランティア団体による見回り訪問、コンピューターネットワークを活用して安否確認システムの活用など、さまざまな対策が必要である。

☑ 骨粗鬆症

骨に小さな穴が多発する症状のこと。正常時は骨芽細胞(骨の形成を行う細胞)による骨の形成と破骨細胞(古くなった骨を壊す細胞)による骨の吸収がバランスよく行われている。しかし、前者の速度よりも後者の速度のほうが速くなると、骨粗鬆症が起こる。この症状が起こると、日常生活程度の負荷でも骨の変形や骨折を引き起こしやすくなる。原因は、人種・体型(運動習慣がなくやせた体型)・運動不足・喫煙(ニコチンやカドミウムによる骨細胞への影響)・食事(骨形成に欠かせないカルシウムの不足を招く動物性たんぱく質過多の食事、ビタミンDの不足、カフェインの摂り過ぎ)・過剰なアルコール摂取など、複合的である。予防するには、日ごろから運動を行うことや食生活を改善することが重要である。

☑ 認知症

脳などの疾患などにより記憶・判断に支障をきたす病気のことをいう。後天的な脳の障害が原因で神経細胞が死んでいくことによって引き起こされる。記憶障害や認知機能障害(失語・失認・失行・実行機能障害)が起こる。脳血管障害・アルツハイマー病・栄養障害・甲状腺機能低下などの要因により発症すると考えられている。

答案例

問題 高齢者の健康づくりについて，あなたの考えを述べよ。 600字以内

模範回答 高齢になればなるほど，運動機能の衰えや記憶力の減退が進む。また，体力や抵抗力の低下により，疾患が慢性化しやすくなる。長い人生を有意義に過ごすには，健康で自立した生活ができるようにしなければならないが，そのためには，生活習慣を改善し，健康を妨げる危険因子を減らすことが欠かせない。こうした取り組みは健康寿命を延ばし，結果として高齢者の生活の質を高めることになる。 (以上，第1段落)

　また，健康な高齢者が増えれば，医療費や介護費を減らす効果が期待できる。高齢者は公営保険を用いて医療や介護サービスを受けているが，高齢になるほど一人当たりの医療費が高くなり，介護が必要な高齢者にも費用がかかる。今後，高齢化がさらに進むと医療費や介護費が増大し，財政を圧迫する恐れがある。こうした費用の多くは現役世代が負担することになるので，現役世代の負担を軽減するためにも，高齢者の健康を維持することが望まれる。 (以上，第2段落)

　高齢者の寝たきり状態をなくしたり，疾病や認知症を予防して健康状態を維持するためには，適度な運動習慣を推進することや生活習慣を改善することが求められる。また，脳卒中防止のために栄養管理を行うことや，骨粗鬆症予防のためにカルシウム摂取を怠らないことなど，若いうちからの努力も欠かせない。

(以上，第3段落)

解説 第1段落：意見の提示…高齢者の生活の質を高めるためには健康づくりが必要であると主張している。

第2段落：理由説明…高齢者の健康づくりが求められる背景として，高齢化の進展に伴う医療費や介護費の増大の懸念があることを指摘している。

第3段落：意見の再提示…高齢者の健康づくりのためには，高齢になってからの対策のほかに，若いうちからの健康管理も必要であるとまとめている。

4 科学技術

　近年の生命工学(バイオテクノロジー)の目覚ましい進展に伴って，医療技術は日々向上・進化し続けている。ここでは，医歯薬系や看護・医療系学部入試においてよく出題される「科学技術」に関する6テーマを厳選し，ごく基本的な内容からできるだけわかりやすく紹介する。

取り扱うテーマ

> 先端医療

> 遺伝子診断

> 遺伝子治療

> 再生医学

> ヒトゲノム

> クローン人間

▶ 先端医療

定義

　先端医療とは，一般の保険診療で認められている医療水準を超えた最新の先端技術を用いて行う医療行為のことを指す。新しい医療機器や医療技術が出現したことや，患者のニーズが多様化してきていることに対応するために行われる。具体的な事例としては，遺伝子治療・再生医療・ゲノム創薬・手術支援ロボットシステムの開発などがある。

問題点

　最新の先端技術の恩恵を享受できるのが，先端医療のメリットである。患者の立場からすれば，今までの医療技術では治すことが難しかった疾病を治療できる機会が増えることになる。しかし，費用および倫理観に関わる問題点もある。前者は，先端医療にかかる技術料には保険が適用されないゆえ，医療費が高額になるということである。後者では，遺伝子にかかわる先端医療の場合，生命工学を応用した遺伝子操作はもちろん，遺伝子解析による悪影響も懸念されている。例えば，遺伝子操作は遺伝的多様性を失う恐れがあるし，ゲノム情報は遺伝情報による差別など，遺伝情報が明らかになることで社会的に大きな影響を与える可能性を否定できないことなどである。

問題点の背景

　先端医療に対して抵抗感を抱く人々がいることも事実である。先端医療は新しい医療ゆえに，実施件数が少なく臨床での有効性・安全性・副作用などが明らかになっていないものもある。保険診療扱いへの認定審査が厳格なのは，そのことを考慮してのことである。一方で，悪用されれば社会的な悪影響を及ぼす恐れがある先端医療もある。こうした懸念は，先端医療の普及を妨げる要因となっている。

4
科学技術

他方，今までの生命の考え方を覆すような技術が先端医療において用いられているということもある。例えば，遺伝子組み換えを伴う技術は人間の由来を司る遺伝子を操作する技術であり，「子は親の遺伝子を引き継ぐもの」という従来の倫理観を覆すことにもつながる。医療技術の開発は日々進んでおり，次々に新しい治療法が生み出されている。先端医療を希望する患者の数も増加している。しかしながら，安全面・倫理面などの問題を置き去りにしたまま普及させることは極めて危険なことであり，安易に普及させるべきではないという立場の人もいる。

対応策・解決策

今後，先端医療を健全な形で進めていくために必要なことは，開発推進と規制とのバランスを保つことである。推進のためには，先端医療の技術開発に対する支援が必要だ。厚生労働省が創設した先端医療開発特区（p.136参照）に伴う iPS 細胞を応用した再生医療への支援，医療機器や医薬品開発の推進などが例として挙げられる。一方，規制の面では，先端医療技術が安易に用いられないようにするための法やガイドラインを設けることが求められる。

先端医療にかかる費用の公的な支援制度の検討も必要になるだろう。ただし，先端医療は治療法として確立されていないものもあり，そうした治療を受けることが患者側のリスクとなりうることを，治療を提案する医療従事者側が患者に理解させる努力をすることも欠かせない。

👍 小論文にする時のポイント ─────────────●

「かけがえのない命を救える可能性があるから」という，いわば感情的な根拠だけで先端医療推進の立場を論じるのは説得力に欠ける。一方，「倫理観が確立していないから」という根拠で先端医療を否定してしまうというのも，発展性に欠ける主張である。倫理観が確立していない現状を認めつつも，先端医療の恩恵を受けるにはどうすればよいのかといった方向で論じたい。

例 先端医療技術について述べた文章を読み，医学の世界には「科学」という学問への冷静な感性と，その科学の力を受け取る人々を温かく包む感性とが求められる，という主張に対して，あなたの考えを記述せよ。(日本医科大・医学部)

例 先端医療について述べた文章を読み，先端医療に関する社会の課題について述べよ。また，先端医療についてのあなたの考えを述べよ。

(琉球大・医学部・保健学科)

例 患者さんの命を救うための医療の技術革新は近年目覚ましいが，技術革新のためのコストは上昇している。命を救うための高度医療とそのコスト負担のあり方についてあなたはどう思うか。考えを述べよ。(昭和大・医学部)

🔍 関連キーワード

☑ 生命工学

生物学と化学の知識を応用して，生物の機能を解明し，さまざまな技術を開発するための工学のことをいう。具体的には，遺伝子操作・遺伝情報解析・組織培養・タンパク質工学・免疫工学などの技術を活用し，再生医療・ゲノム創薬・農作物の品種改良など実社会に有効な技術を開発する。分子生物学や生物化学などの基礎的な生物学が発展するのに伴って日々進化している。しかし，クローン技術や遺伝子組み換え技術など，倫理面で問題があると捉えられる技術もあり，今後の論議が求められる。

☑ 革新的技術特区(スーパー特区)

革新的技術の開発を阻んでいるさまざまな問題を解決するために，研究資金の特例や担当部局との協議を行えるようにした制度のことをいう。スーパー特区は，従来のような行政区域単位の縛りはなく，法規制などで事業化できない事業も特別に行える。先端医療開発特区はスーパー特区の第一弾として，2008年に創設され，iPS細胞応用や再生医療などの分野で24の研究グループが選出された。区域内では医薬品や医療機器の審査の迅速化や，開発段階から関連省庁との協議が優先的に行えるほか，予算の面でも優遇措置が図られた。

☑ 先進医療

　先進医療のうち，厚生労働大臣の承認を受けたものをいい，先端医療を将来的に保険診療へ導入するための評価を行う目的をもって定められたものである。先端医療が先進医療として厚生労働省から認められ，その後に最終的に保険診療の対象となるまでには時間がかかる。基礎的な試験はもちろんのこと，臨床的な試験も繰り返し，数多くの客観的なデータを蓄積したうえで，有効性が確認されなければならない。したがって，先端医療をいち早く，しかも安く受けられるように配慮したものではない。たしかに，通常認められていない混合診療(保険診療と保険外診療とを組み合わせること)が例外的に認められ，負担の軽減が図れるよう配慮されているものもある。しかし，先端医療の費用は自己負担であり，先進医療の認定を受けていない先端医療は混合診療すら認められていないため，多くの場合は患者の自己負担額が大きくなる。

☑ 倫理学

　善悪・規範・道徳的言明などについて研究する学問のことをいう。そのうちで生命に関する倫理的問題を取り扱う学問を特に生命倫理学といい，ヒトのみならずすべての生命体を対象とする。最近の医学，なかでも遺伝子工学の発達によって，倫理的な考察が必要な診断・治療・実験が多くなっている現実がある。

4
科学技術

答案例

問題 先端医療について，あなたの考えを述べよ。**600字以内**

模範回答 最新の先端技術の恩恵を享受できるのが先端医療である。患者からすれば，今までの技術では治せなかった疾病を治療できる機会につながる。だが，遺伝的多様性を失う恐れがある遺伝子操作や，遺伝情報による差別が生じる恐れがあるゲノム情報の利用など，社会的に悪影響を与える可能性を持つ技術もある。
(以上，第1段落)

　こうした懸念の背景には，先端医療に対して抱く抵抗感がある。先端医療は新しい医療ゆえに，臨床での有効性・安全性・副作用などが明らかになっていないものもある。他方，今までの生命の考え方を覆す技術が用いられているものもある。例えば，遺伝子組み換えは人間の由来を司る遺伝子を操作する技術であり，「子は親の遺伝子を引き継ぐもの」という倫理観を覆すことになりかねない。こうした技術は，倫理観が確立していない現状では安易に普及させるべきでないという立場の人もいる。
(以上，第2段落)

　先端医療の推進のために必要なことは，開発推進と規制とのバランスを保つことである。推進面では，技術開発を推進するための支援が必要だ。厚生労働省が創設した先端医療開発特区でのiPS細胞応用による再生医療や，医療機器や医薬品の開発推進などが例として挙げられる。一方規制面では，先端医療技術が安易に用いられないように法やガイドラインを設けることが求められるべきだと考える。
(以上，第3段落)

解説 第1段落：意見の提示…先端医療の利点(恩恵)だけでなく，社会に悪影響を与える恐れがあるという点も指摘している。
第2段落：理由説明…第1段落で指摘した問題点の背景を，「先端医療に対して抱く抵抗感」として説明している。特に，倫理観の未確立について指摘し，問題が発生する原因を掘り下げている。
第3段落：意見の再提示…今後，先端医療を健全な形で発展させるための方法を考え，自身の考えを論じている。

遺伝子診断

定義

　特定の遺伝子の有無や遺伝子の異常を調べることによって，疾病を診断する方法のことをいう。DNA診断（gene diagnosis）ともいい，確定診断・発症前診断・保因者診断（p.141参照）などがある。なお，出生前診断や着床前診断（p.43参照）も遺伝子診断の一種である。

必要性

　遺伝性の疾患が遺伝子の異変や変化によって起こっていることが明らかな場合，確定診断によって遺伝子を調べれば，病原体の種類や腫瘍が悪性か否かなど，疾患の原因を突き止めることに役立つ。また，発症前診断や保因者診断によって，将来の発病の可能性を確率的に診断できる。そのことで発症前に処置や治療を行うことができ，疾患の発症の予防や症状の軽減につながる。

必要性の背景

　遺伝子診断の広まりに対して問題の発生を懸念する声もある。例えば，遺伝情報が流出して悪用されれば，遺伝子差別（p.142参照）が起こる可能性がある。保因者への差別は障害者差別と直結し，ノーマライゼーション思想（p.193参照）の推進を妨げる恐れもある。また，診断されても治療法がない疾病もあり，保因者の自殺や親の育児放棄などにつながる恐れもある。さらに，出生前や着床前の診断により，中絶や受精卵廃棄が行われる可能性も否定できない。そして，遺伝情報は本人だけでなく，家族や血縁者も共有しているため，その人たちの遺伝子異常や疾病も明らかになりかねない。したがって，本人の「知る権利」を尊重すると，他人の「知られたくない権利」を侵害するというジレンマが起こる。

　このように，遺伝子診断は優生思想（p.43参照）を助長する恐れや，人権

侵害を生む要因となる可能性も含んでいる。

対応策・解決策

　ヒトゲノムプロジェクト(p.154参照)によって人間の DNA 解明がなされたが，遺伝子と疾病との関連性は多くのものがまだ解明されていない。今後は，遺伝子情報に基づいて疾病の原因が判明し，それに伴って遺伝子診断も発達していくことが望まれているので，こうした遺伝子研究(p.142参照)を推進することが求められる。

　一方で，遺伝子診断の結果は発症の可能性を示すものだと理解すること，個人情報である遺伝子情報を厳格に管理して流出を防ぐこと，ガイドラインや法によって安易な遺伝子診断を制限すること，教育によって倫理的問題への深い理解を促すことなど，遺伝子診断を推進していくうえで起こりうる問題点を解決していく努力をする必要がある。

👉 小論文にする時のポイント ──────────●

　入試では，確定診断に関するものよりも発症前・保因者診断の予示性(疾病が起こる可能性を予め示すこと)に起因する問題点を指摘させる設問が多い。そのためまずは，確定診断と発症前・保因者診断とを区別して捉える必要がある。そのうえで，疾病の原因究明や発生の可能性を示してくれるというプラス面だけではなく，自他の人権侵害と直結する恐れがあるというマイナス面まで把握して論じたい。ただし，遺伝子診断の否定などを主張するのは現実性に乏しく，勧められない。あくまでも遺伝子診断への期待とともに，各種問題点への対処法を述べるという前向きな姿勢がほしい。

📑 過去の入試問題例 ──────────●

例　英文を読み，あなたが医師だとして，治療法のない遺伝性疾患の原因遺伝子変異を50％の確率で保有している可能性のある人が相談に来たとする。遺伝子診断検査をすれば，将来の発病の可能性が 0 ％か100％か判明するとする。あ

なたはどう対処するかを述べよ。　　　　　　　　　　　（三重大・医学部）

例　遺伝子診断の倫理的問題について述べた文章を読み，「遺伝子診断に関する倫理上のジレンマ」について，あなたの考えを述べよ。　　　（富山大・薬学部）

例　遺伝子検査は，遺伝子変異が原因で発症する難病の治療に有効であるが，遺伝子に含まれる個人情報の管理は，監視体制や法律等の倫理原則の合意の下で行われるべきだと述べた英文を読み，本文章を受けて，遺伝子検査の医学への応用についてあなたの考えをまとめよ。　　　　　　　（琉球大・医学部）

🔎 関連キーワード

☑ 確定診断・発症前診断・保因者診断

確定診断とは，病気の原因を確定する診断のことである。遺伝子病などのように，原因となる遺伝子が明らかである場合に行われる。例えば，髄様がんは遺伝的に起きる甲状腺がんであり，思春期までにほぼ確実に発症することが知られている。遺伝子診断により，原因遺伝子を持つことが明らかになれば，発症前に甲状腺摘出手術を行うことで，発症を防ぐことができる。

一方，発症前診断は将来の発発の可能性を調べる検査のことをいい，保因者診断とは遺伝病の保因者であるかどうかの検査のことをいう。多因子病の場合，要因となる遺伝子が複数組み合わさっていたり，環境との相互作用が一因となっていたりすることが多く，原因が明確に特定できない。こうした場合は統計学的に検討し，示された罹患率を用いて検討する。つまり，これらの診断はあくまでも罹患する確率を示すためのものであり，要因となる遺伝子を保持していても必ずしも発症するわけではない点に注意したい。

☑ テーラーメイド医療（オーダーメイド医療）

個人の体質を遺伝子レベルで診断し，それぞれに合わせた予防や治療を行うことをいう。遺伝子やゲノムの形によって，体質や疾患のかかりやすさがわかるため，個人差に配慮した対応が可能となる。また，医薬品の有効性や副作用の可能性を調査することができるため，個々人に合った薬剤の選択にも役立つ。

これまでの医療は疾患そのものが中心であり，疾患の原因を探索したり，その治療法を開発したりすることが主

な目的であった。しかし疾患の状態は個々人で異なり，同じ病気であっても同じ治療法が適しているとは限らない。そこで，治療薬がその患者に有効であるかどうかを判断したり，投薬量や副作用について見積もったりすることで，個々人にあった医療を行えることが期待されている。

☑ 遺伝子差別

遺伝子診断の結果が外部に流出したことによって起こるさまざまな差別のことをいう。例えば，疾患のリスクが高い遺伝子を持つ人が生命保険や医療保険の加入を拒否されたり，保険料が増額されたりする可能性がある。また，就職の際に不利になるなどの問題が起こることも考えられる。

☑ （医学等における）遺伝子研究

遺伝子変異と疾患との関連性を探る研究のことをいう。原因となる遺伝子が単一のこともあれば，複数の要因が重なって発症することもある。こうした要因と疾病との関係を，統計的に検討することによって，疾病発症との関連性やかかりやすさを確率的に示すことができるようになる。

こうした研究のためには患者の協力が欠かせない。しかし，患者に対してインフォームド・コンセント(p.16参照)を行わずに血液などを試料として用いていた事例が過去にあり，問題視されたことがある。これを受け，文部科学省・厚生労働省・経済産業省が合同で遺伝子研究に関するガイドライン「ヒトゲノム・遺伝子解析研究に関する倫理指針」を作成した。ここでは，インフォームド・コンセントを基本とし，個人情報の保護を徹底することなど，遺伝子研究に関する指針が定められている。

答案例

問題 遺伝子診断について，あなたの考えを述べよ。**600字以内**

模範回答 遺伝性の疾患が遺伝子の変異や変化で起こっていることが明らかな場合，遺伝子診断は疾患の原因を突き止めることに役立つ。また，将来の発病の可能性を確率的に診断できるので，発症前の処置や治療が可能で，疾患発症の予防や軽減ができる。さらに，個々人に合ったテーラーメイド医療も可能になる。

(以上，第1段落)

しかし，遺伝子診断の広まりに問題点を懸念する声もある。例えば，遺伝子差別の助長のほか，ノーマライゼーション思想を妨げたり，出生前・着床前診断による中絶や受精卵廃棄につながる点である。また，遺伝子情報は本人以外に血縁者も共有しているため，彼らの遺伝子異常や疾病が明らかになることがある。したがって，本人の「知る権利」を尊重すると，他人の「知られたくない権利」を侵害することになる。このように，遺伝子診断は優生思想を助長する恐れや人権侵害を生む要因にもなる。

(以上，第2段落)

これらのことから，我々が遺伝子診断の恩恵を受けるためには，遺伝子研究を推進する一方で，遺伝子診断の結果は発症の可能性を示すものだと理解すること，遺伝情報を厳格に管理して流出を防ぐこと，ガイドラインや法によって安易な遺伝子診断を制限すること，教育によって倫理的問題への深い理解を促すことなど，遺伝子診断推進の際に起こりうる問題点を解決する努力も欠かせないと考える。

(以上，第3段落)

解説 第1段落：意見の提示…遺伝子診断は予防医療や疾病の原因を特定する役割のほか，テーラーメイド医療の実現など，利点があることを指摘している。一方で，問題点があることも論じている。

第2段落：理由説明…なぜ遺伝子診断によって問題が起こるのかを説明している。特に，人権問題や差別が発生する恐れがあることを指摘している。

第3段落：意見の再提示…遺伝子研究を推進しつつも，人権問題や差別問題への対応をすべきだという主張をまとめている。

4
科学技術

遺伝子治療

出題頻度 → 医 歯 薬 看 ★

定義

　疾病の治療を目的として，遺伝子もしくは遺伝子を組み込んだ細胞を体内に注入し，細胞の欠陥を修復・修正する治療のことをいう。1990年にアメリカで先天性代謝疾患のADA欠損症(p.146参照)の子どもに世界で初めて行われた。国内では1995年より実験的に実施されている。厚生労働省のガイドラインにより，致死性の遺伝性疾患・がん・エイズなどの生命を脅かす疾患で，他の治療法と比較して有効性が予測できる場合が遺伝子治療の対象となっている。

必要性

　遺伝子治療では，ベクター(p.147参照)を用いて細胞内に遺伝子を送り込み，遺伝子そのものを直接操作して治療を行う。具体的には，正常な遺伝子を新たに細胞に加えて働かせたり，異常な遺伝子の働きを止めたり，遺伝子の異常な部分を切り取ったりするものである。遺伝子治療を行うと，病状の進行を食い止めることが期待できる。しかし，遺伝子治療の限界や安全性のほか，倫理的な問題点を挙げて，遺伝子治療に否定的な見解を示す人もいる。

必要性の背景

　そもそも遺伝子治療は異常な遺伝子の機能を改善し，正常にタンパク質を産出させるために行われる。そのため，失った機能を回復するような治療には向かない。また，ベクターが副作用や免疫反応を引き起こす可能性や，治療用遺伝子が引き起こす問題(p.147参照)もある。例えば，遺伝子の誤導入による細胞や器官の機能停止やがん化，治療用遺伝子が過剰に働くことによるタンパク質の過剰産生，導入操作時の治療用遺伝子の外部流出の恐れなどである。

遺伝子治療は生命の根幹である遺伝子を操作するものであり，拒否感や警戒心を抱く人も少なくない。具体的には，遺伝子を人間の手によって操作してよいのか，遺伝子差別(p.142参照)を助長する恐れはないのか，遺伝的問題がある者の生存を否定することにつながらないのか，遺伝子治療の結果が次世代へ遺伝した時に問題は生じないのか，といった倫理上の問題点である。

また，研究段階での問題もある。遺伝子治療に関する特許出願数は，アメリカ，フランス，中国と続き，日本は7位である(特許庁「特許出願技術動向調査報告書」2017年)。この背景には，海外よりも規制が厳しいという現状に加え，公的な研究費が少ないという問題もある。

対応策・解決策

遺伝子治療やその研究は，遺伝子を操作することによって生じる想定外の副作用のリスクと治療効果とを比較検討して，慎重に展開する必要がある。具体的には，他の治療法の効果が期待できない疾患に限ることや，関係省庁が遺伝子治療の臨床研究に対して行う審査をより厳格にするなど，倫理面や安全性への配慮が不可欠である。

👍 小論文にする時のポイント

入試では，遺伝子治療や研究を推進する際の問題点を指摘させる出題が多い。疾病の原因となる遺伝子を操作することで治療効果が生まれるという利点だけではなく，治療の限界・安全性・倫理面などの問題点を踏まえたうえで意見を論じたい。ただし，遺伝子治療を望む患者がいる以上，遺伝子治療そのものを全面否定することは好ましくないだろう。遺伝子治療を推進していくうえで問題点をどう解決すべきかといった視点で論じるとよい。

📖 過去の入試問題例

例 インフォームド・コンセントと遺伝子医療に関する文章を読み，倫理原則の

被害防止と個人の尊重が相反する場合，あなたはどちらを尊重するか。具体的な例を提示して考えを述べよ。　　　　　　　　　　　　（東京医科歯科大・医学部・医学科）

例　近年，遺伝子の操作をめぐってさまざまな問題や議論が生じている。このことについて人間社会に対する影響という観点から，あなたの考えを述べよ。

（滋賀県立大・人間看護学部）

例　遺伝的疾患を持つ母親の卵子から細胞核を取り出し，第三者由来の卵子と置換し受精，男児が誕生した経緯を説明し，誕生後の遺伝子変異の可能性を含め，生殖医療を行う上での倫理的・道徳的な問題点を述べた英文を読み，近年，「3人の遺伝的親」技術を含む新しい技術の台頭によって，遺伝性疾患に対する遺伝子治療が論理的に可能となってきた。このような生殖細胞の遺伝子治療を認めて良いか，あなたの意見を述べよ。　　　　　　　　　　　（山口大・医学部）

🔎 関連キーワード

☑ 遺伝情報

　遺伝現象によって親から子に伝わる情報のことをいう。生物の遺伝情報はDNA の塩基配列によって形作られている。この情報にしたがって，体内で活動するタンパク質が作られる。遺伝情報は細胞から細胞へ，親から子へ伝達される。細胞分裂の時，DNA の塩基配列を読み取って RNA に転写し，必要な情報をもとにタンパク質を合成する過程を経て，遺伝情報が複製される（レトロウイルスなどの一部の生物を除く）。

☑ 遺伝子治療の臨床研究

　臨床において遺伝子治療研究を行う

時には，文部科学省・厚生労働省によるガイドラインに基づいて実施しなければならない。倫理審査委員会で審査と承認を受けたあと，厚生労働大臣に認可された研究のみが実施できる。研究機関が大学の場合は，文部科学省への報告義務もある。これまでに ADA 欠損症・がん・HIV・悪性グリオーマ・神経芽腫・膠芽腫・パーキンソン病・バージャー病などの臨床研究が実施された。

☑ 先天性 ADA 欠損症

　ADA（アデノシン デ アミナーゼ）は，アデノシン，デオキシアデノシンをイノシン，デオキシイノシンに変換

するプリン代謝系酵素の一つである。この酵素が先天的に欠けていると、血液中の正常なリンパ球（細菌やウイルスなどの抗原から身を守る役割をもつ細胞）が減少する。先天性 ADA 欠損症ではリンパ球を産生することが困難となるため、あらゆる微生物に対する抵抗力が低下することにより感染症を発症しやすくなる。

☑ ベクター

遺伝子治療において、遺伝子を細胞内に運び入れるためのカプセルのようなものをいう。細胞に入り込む性質をもつウイルスや、リボゾームベクターなどが用いられる。このうちウイルスによるベクターは、病原性を司る遺伝子を切り取ることで作られる。治療用遺伝子を組み込むため、ベクターには病原性がないとされている。一方、リボゾームによるベクターは、人工的な脂質の膜で作られた球体に治療用の遺伝子を組み込む。また、遺伝子を環にしてベクター状にしたプラスミドDNA を用いることもある。

☑ 遺伝子組み換え技術

遺伝子を人工的に操作する技術のこ

とをいう。DNA を分離・操作し、細胞や生物に再導入して DNA が増殖できるようにする。有用なタンパク質を産出させたり、生物に新たな形質を導入させたりすることを目的としている。細菌や培養細胞によってインスリンやエリスロポエチンなどのホルモン生産を行ったり、除草剤に耐える性質を与えた遺伝子組み換え作物の生産のほか、遺伝子治療などにも用いられている。

☑ 治療用遺伝子が引き起こす問題の事例

2002年、フランスにおいてX連鎖重症複合免疫不全症の遺伝子治療を受けた患者（治療時1歳の男児）が白血病を発症し、同じ遺伝子治療をした別の3歳男児も発症した。発症の原因は、造血幹細胞に入れて投与した遺伝子が、造血幹細胞の増殖に関与する遺伝子の傍に逆向きに挿入され、増殖機能が異常をきたしたためであった。これを受けて、フランスでは遺伝子治療を全面的に凍結した。日本でも同様の手法で行われる予定だった遺伝子治療計画が延期された。

4
科学技術

答案例

問題 遺伝子治療について，あなたの考えを述べよ。 **600字以内**

模範回答 遺伝子治療では遺伝子そのものを直接操作して行うため，病状の進行を食い止めることが期待できる。しかし，遺伝子治療の限界や安全性，倫理的な問題点を挙げ，否定的な見解を示す人もいる。 （以上，第1段落）

　そもそも遺伝子治療は異常な遺伝子の機能を改善し，正常にタンパク質を産出させるために行われるもので，失った機能を回復させるような治療には向かない。また，ベクターが副作用や免疫反応を引き起こす可能性や，治療用遺伝子が引き起こす問題，例えば遺伝子の誤導入による細胞や器官の機能停止やがん化，治療用遺伝子が過剰に働くことによるタンパク質の過剰産生，導入操作時の治療用遺伝子の外部流出の恐れなどがある。さらに，生命の根幹である遺伝子を人間の手によって操作してよいのか，遺伝子差別を助長する恐れがないのか，遺伝的問題がある人の生存を否定することにつながらないか，遺伝子治療の結果が次世代へ遺伝した時に問題は生じないのか，といった倫理的な問題点を指摘する人もいる。 （以上，第2段落）

　遺伝子を操作することによる想定外の副作用のリスクと治療効果とを比較検討し，慎重に遺伝子治療やその研究を展開する必要がある。そして，他の治療法の効果が期待できない疾患に限ること，関係省庁が遺伝子治療の臨床研究に対して行う審査を厳格にするなど，倫理面や安全性への配慮も不可欠である。 （以上，第3段落）

解説 第1段落：意見の提示…遺伝子治療の利点だけでなく，治療の限界や安全性，倫理的な問題といった問題点も述べている。
　第2段落：理由説明…遺伝子の特性や治療の特徴に言及し，遺伝子治療によってどのような問題が生じるのか，なぜ問題となるのかを説明している。
　第3段落：意見の再提示…遺伝子治療によるリスクと治療効果との比較・検討をしながら，治療や研究を行うことの必要性を述べている。無条件推進の立場ではなく，慎重な対応が必要であるという立場で主張をまとめている。

再生医学

定義

　胎児期にしか形成されない人体の組織が病気やけが，加齢などにより欠損した場合，その機能を回復させる方法を研究する医学分野である。例えば，体性幹細胞・多能性幹細胞(ES細胞，iPS細胞)といった幹細胞(p.151参照)を利用したもののほか，クローン作製(p.159参照)，臓器培養，自己組織再生誘導法(p.151参照)などの研究が該当する。

必要性

　今まで機能を失った細胞・組織・臓器に対する治療としては，他者からの臓器移植や組織移植が主として行われてきた。しかし，ドナー不足や免疫抑制による感染症発症のリスクが伴う一方で，他者の臓器を移植することに対する倫理上の問題も存在する。また，工学技術による人工臓器(p.152参照)の開発も進んでいるが，耐久性が十分でないこと，生体の複雑な機能の一部分しか代行できないことなどが問題視されている。

　これらの解決方法として，再生医学を応用した医療(再生医療)が注目されている。自らの臓器を再生することができれば，免疫的な拒絶反応や倫理上の問題も克服できる。実例として，熱傷の植皮のための皮膚の表皮細胞培養，あごの骨由来の歯胚再生，自己細胞を使った再生角膜，骨髄中の間葉系幹細胞による骨芽細胞・脂肪細胞・軟骨細胞への分化(他の細胞に変化すること)誘導，体性幹細胞を得る研究などがある。

必要性の背景

　再生医学が社会的に注目されるようになったのは，iPS細胞が作製されたことによる。iPS細胞とは，多くの細胞に分化できる能力をもった幹細胞である。2006年に京都大学再生医科学研究所の山中伸弥教授らの研究チームによって，マウスの線維芽細胞から作られた。多くの細胞に分化で

きる能力をもった細胞は，体を構成しているすべての組織や臓器に変化することが可能とされており，ヒトの場合なら患者本人からiPS細胞を作る技術が確立されれば，拒絶反応のない移植用組織や臓器の作製が可能になると期待されている。

対応策・解決策

　再生医学および再生医療を推進するためには，それらを取りまく環境を整備する必要がある。文部科学省では2003年から10か年計画で「再生医療の実現化プロジェクト」を実施し，ヒトの幹細胞を用いた研究を中心とした再生医療の実現を目指した。一方，再生医療は実用化までには課題が多く，安全面・倫理面の解決も欠かせない。例えば，iPS細胞は悪性腫瘍化しやすいという問題点があるが，これについてはいまだ解決されていない。さらに，ES細胞の利用は受精卵の滅失を伴うといった倫理的な問題点もある。

　再生医療のさらなる発展を待ちつつ，関係法令やガイドラインによる規制面の整備や，体細胞の取り扱いを厳格にすることなどの対応が求められている。

👉 小論文にする時のポイント

　再生医療のあり方を考えさせる設問が多く出題される。この時，再生医療が万能な医療技術であるかのような捉え方は好ましくない。再生医療もまだまだ発展途上ゆえ，技術的な問題を抱えている点にも留意して，実用化には課題が多く，解決するための環境整備が必要であることには必ず言及しておきたい。また，ES細胞作製のために受精卵を利用することは，受精卵の生命を断つことになるが，こうした倫理的な問題を発生させないための規制や技術開発などが欠かせないことも指摘しておきたい。

過去の入試問題例

例 京都大学の山中伸弥教授らが作り出した万能細胞について述べた文章を踏まえ，今回の研究で解決の見通しがたった再生医療の問題とは何か。また，新たにどのような問題が生じると考えられるかを述べよ。

(群馬大・医学部・保健学科)

例 iPS細胞に関する文章を踏まえ，バイオテクノロジーは人間喪失への坂道か，という著者の問いに対し，あなた自身の考えを述べよ。

(信州大・医学部・保健学科)

関連キーワード

☑ 幹細胞

成長するとほかの組織や臓器になる細胞のことをいうが，自分自身が増える複製能力と，ほかの細胞に変化する能力のどちらも備えているという特徴がある。幹細胞はほとんどの臓器や組織中に存在しているが，なかでも骨髄にあって赤血球や白血球をつくる造血幹細胞，肝臓にある肝幹細胞などがよく知られている。

幹細胞をけがや病気で傷んだ臓器などの細胞に分化させることができれば，移植して修復に使えることから，最近になって研究が盛んになっている。

☑ ES細胞（胚性幹細胞）

動物の受精卵が分裂して100個ほどの細胞からなる胚盤胞期になったところで，胎児の体になっていく内部細胞塊といわれる部分を取り出して培養することによってできる幹細胞細胞株のことで，英語の頭文字をとってES細胞ともいわれている。

ES細胞は生体外においても，理論上すべての組織に分化することのできる分化多能性を持ちながら，ほぼ無限に増殖させることができ，あらゆる組織や細胞になり得るため，再生医療への応用が注目されている。

☑ 自己組織再生

自己の力によって，臓器や組織を再生する能力のことをいう。例えば，肝臓は一部が切り取られても組織が再生することで知られている。再生医学の分野では，自己組織の中で細胞の増殖や分化を誘導し，正常な組織や臓器を再生させるといった自己組織再生誘導

法を研究している人がいる。

☑ 臓器や組織移植上の問題点

人体には他者の臓器や組織の侵入を拒絶する反応（拒絶反応）が備わっているので，移植時には移植適合性があるかどうかの検討を行わなくてはならない。しかし，適合する可能性は非常に低いため，結果的に圧倒的な臓器提供者（ドナー）不足となっている。また，移植後は拒絶反応を抑えるための免疫抑制剤の投与が必要となる。しかし，免疫が抑制されると感染症にかかるリスクが高まる恐れがあり，移植手術後は厳重な管理が欠かせない。

☑ 人工臓器

他の動物や工学技術，バイオテクノロジーを応用して作製された人工的な臓器のことをいう。心臓・肺・肝臓・腎臓などの機能が損なわれると種々の病気になり，重い場合には生命に関わることにもなる。人工臓器は，このように機能が損なわれた臓器のはたらきを代行するものとして開発されたもので，さまざまな治療を通して機能補助のために用いられている。近年は，機能補助からさらに進んで機能置換を可能にすることを目指して，再生臓器や代用臓器となる人工臓器の研究開発が進められている。

☑ iPS 細胞作製技術の応用

再生医療への直接的な利用のみならず，患者自身の細胞から iPS 細胞を作り出し，その iPS 細胞を特定の細胞へ分化・誘導させることで，従来は採取が困難であった組織の細胞を得ることができる。それによって，今まで治療法のなかった難病に対しても，その原因や発症のメカニズムを研究したり，患者自身の細胞を用いて薬剤の効果や毒性を評価することが可能となることから，今までにないまったく新しい医学分野を開拓する可能性をも秘めていると期待されている。

☑ 臍帯血

母体と胎児をつなぐへその緒のことを臍帯というが，臍帯血とはその中の血液のことをいう。臍帯血の中には造血幹細胞が多く含まれているので，難治性（白血病や再生不良性貧血）などの血液疾患の治療で行われる造血幹細胞移植において，幹細胞の供給源として骨髄および末梢血幹細胞とともに利用される。

臍帯血は，細胞提供者（ドナー）の負担がほとんどないなどの点で理想の供給源と考えられているが，分娩時に臍帯血を採取・保存できる医療機関が限られているなどの問題点もある。

答案例

問題 再生医療について，あなたの考えを述べよ。**600字以内**

模範回答 今までは機能を失った臓器の治療としては，他者からの臓器や組織の移植が主であった。しかし，ドナー不足や免疫抑制による感染症発症のリスクのほか，他者の臓器を移植することへの倫理上の問題もある。人工臓器の開発も進んでいるが，耐久性が十分でないこと，生体の複雑な機能を完全に代行できないなどの問題もある。これらの解決策として再生医療が注目されている。

(以上，第1段落)

　自らの臓器を再生する医療である再生医療が実用化すれば，拒絶反応のない移植用の組織や臓器の作製が可能になる。特に昨今話題になっているiPS細胞は，再生医療推進の鍵となる。患者自身からiPS細胞を作る技術が確立されれば，ES細胞作製時に指摘された受精卵を用いることに対する倫理的問題も回避できるだけでなく，自らの細胞を利用するため拒絶反応の発生も防げる。

(以上，第2段落)

　今後は，再生医療を推進するための環境を整備する必要がある。ヒト幹細胞を用いた研究を推進するプロジェクトなどが考えられる。ただし，再生医療は実用化までには課題が多く，安全面・倫理面の解決も欠かせない。遺伝子操作技術を利用することに対する倫理的問題も解決する必要がある。再生医療のさらなる発展を待ちつつ，関係法令やガイドラインによる規制面の整備や，体細胞の取り扱いを厳格にすることなどの対応が求められる。

(以上，第3段落)

解説　第1段落：意見の提示…今までの臓器移植や人工臓器利用の問題点を解決する手法として再生医療が注目されていることを述べている。

第2段落：理由説明…なぜ再生医療が他の治療法よりも優れているのか，理由を説明している。

第3段落：意見の再提示…今後は再生医療の推進とともに，安全性や倫理性の確保が求められていることを指摘して意見をまとめている。

ヒトゲノム

定義

　ゲノムとは，遺伝子を表すGeneと，染色体を表すChromosomeを合わせて作った造語である。したがって，ヒトゲノムとは人間の持つすべての遺伝子の情報のことをいう。人間には約10万個の遺伝子があり，約30億個のDNAの塩基配列に情報として記録されている。

　世界的な規模でヒトゲノム計画（DNAの配列の種類などを解き明かすプロジェクト）が実施され，日本の研究チームも参加した。2003年に完了したが，約30億個あるDNAの塩基配列のうち，本当に遺伝に関係するものは約3万個であることが判明した。

必要性

　ヒトゲノムの解析は，各遺伝子の機能の解析に欠かせない。それによって遺伝に関係するDNAの塩基配列のリスト（遺伝子地図）が仕上がった。この遺伝子地図により，疾病と遺伝子の機能との関係を解き明かすといった取り組みが進むようになる。現状では，がんに関係する遺伝子・老化に関係する遺伝子・アルツハイマー病に関係する遺伝子などが発見されている。

　ヒトゲノムと生命機能との関係が解明できると，生命の理解だけでなく，病気の予防や克服などに応用できるようになる。具体的には，テーラーメイド医療（p.141参照），遺伝子診断（p.139参照），ゲノム創薬（p.156参照），再生医療（p.149参照）などが挙げられる。

必要性の背景

　そもそも遺伝子研究は19世紀から始まったとされるが，遺伝子を解析する技術が整ったことにより，ヒトゲノムの全貌を明らかにしようという気運が高まった。1973年，生物の遺伝子を取り出して増やす組み替えDNA

技術が登場した。また，1977年には，取り出した遺伝子にどのような情報が書き込まれているのかを解読するDNAの塩基配列決定法が確立した。このようにして，生物の遺伝子をDNAの解読によって理解できるようになってきている。

対応策・解決策

　今後もこの分野の研究の進展が望まれるゆえ，それを推進できる環境の整備が求められる。日本では先端医療開発特区（p.136参照）など，研究しやすい環境づくりを行っている。一方，研究で用いるヒトの遺伝子情報が何らかの原因により流出する恐れもあり，遺伝子差別（p.142参照）などが起こる可能性は否定できない。遺伝子は個人情報であり，DNAを解析することがプライバシーに触れる恐れがあるからだ。そのため，その扱いに関しては一定の規制やガイドラインが必要になるだろう。

👍 小論文にする時のポイント

　現状では，あくまでもDNAの塩基配列のリストが完成しただけの段階であり，今後も医学分野においては遺伝子と疾病との関連性を解き明かす研究を進めていく必要があることを理解しておくべきだ。また，遺伝子を取り扱う際の情報の漏えいなど，倫理的・社会的問題が存在していることを踏まえ，今後どのように研究を進展させていくべきかを示すことができるとよい。

📝 過去の入試問題例

例　ヒトゲノムの解読について述べた英文を読み，ヒトゲノムの解読により，人類はあらゆる病気を征圧できることになるだろうか，あなたの考えを述べよ。

（群馬大・医学部・医学科）

例　ゲノム解析技術の進歩に関する文章を読み，薬学や医学の研究の進展が期待されているが，どんな効果がもたらされるだろうか。ヒト以外の生物のゲノム解析が進められている成果として，薬学や医学以外の領域でどんな利用が考え

られるか。ゲノム情報の不適切な利用によるマイナスの側面とはどんなことか，それに対してどう考えるか。述べよ。

（大阪大・薬学部）

例　ヒトゲノムの配列決定と薬学との関連性を述べた英文を読み，あなたなら薬学部に入学後，ヒトゲノムの配列決定をどのように研究にいかせると思うか。本文の内容に関連づけて述べよ。

（熊本大・薬学部）

🔍 関連キーワード

☑ 遺伝子

　生物の遺伝情報を担うものである。遺伝子の本体は，細胞の染色体にあるDNA（デオキシリボ核酸）というタンパク質である。アデニン・グアニン・シトシン・チミンという4つの化学物質（塩基）が鎖状に連なり，二重のらせん状になっている。この配列の組み合わせによって，遺伝情報が記録される。

☑ ゲノム創薬

　ゲノム情報を活用して，新しい薬やより効果が高く副作用の少ない薬などを，低コストで効率的に作り出す方法のことをいう。従来の医薬品の開発は，これまでの経験に従ったやり方がほとんどであったが，最近になって，アレルギーや糖尿病・高血圧症などの病気に遺伝子が関連していることが明らかになってきた。これらの病気の遺伝子を見つけることと，個人の遺伝的な多様性を知ることにより，より効果があ

り副作用の少ない医薬品の開発が期待されている。

　ゲノム創薬には大きな期待が寄せられているが，その一方でクリアすべき問題点も多くある。例えば，ゲノム情報だけをもとに遺伝子の機能をきちんと解明できるのかどうか，膨大な遺伝子情報の中から創薬に結びつくものをどのように選択するのかといった点は，今後の研究課題である。

☑ 1000ゲノムプロジェクト

　2008年1月に始まった国際研究協力の一つで，世界中の1000人以上の人のゲノム情報を解読することを目標にした国際的なプロジェクトのことをいう。プロジェクトは，イギリス・中国・アメリカの研究所からさまざまな分野の研究チームを集めたものであるが，日本は含まれていない。

　既存の遺伝地図は十分に詳細なものではなく，疾病の原因を特定するため

に，詳細な遺伝情報の調査を再度行う必要があった。このプロジェクトを通して詳細なヒトゲノムのマップ（遺伝地図）を作成し，健康・病気と遺伝との関連性の発見や医療への応用が行えるようになることが期待されている。

☑ バイオインフォマティクス

生命科学・情報科学・情報工学などの技術を用いて生物医学の問題を解こうとする学問のことで，生物情報学と訳されている。生物医学の分野では，ヒトゲノム解析を代表とする近年の研究の進展によって，複雑かつ膨大な情報を処理する必要に迫られているが，こうした情報を適切に管理・活用・共有するために，バイオインフォマティクスへの期待が高まってきている。

☑ ゲノムビジネス

遺伝子情報を利用したビジネスのことをいう。ヒトゲノム解析と今後の応用研究の進展により，今までの医薬品開発の方法では見つからなかったがんやエイズ，アルツハイマー型認知症などの治療薬を原因（遺伝情報）までさかのぼって理論的に設計できる可能性が生まれた。アメリカをはじめとしたバイオベンチャー企業はこうした流れを背景に，製薬会社の研究支援事業を立ち上げるなど，ビジネスを積極的に展開している。また，遺伝子解析により特定の病気へのなりやすさや体質を調べるサービスも広がりを見せている。

4
科学技術

答案例

問題 ヒトゲノム解析について，あなたの考えを述べよ。**600字以内**

模範回答 遺伝子研究は19世紀から始まったとされるが，組み換えDNA技術やDNAの塩基配列決定法の登場により，1980年代には遺伝子解析技術が整い，生物の遺伝子をDNAの解読により解明できるようになった。ヒトゲノム解析は，DNAの塩基配列のうち遺伝に関係するものはどれくらいあるかを知るために行われた。それは，各遺伝子の機能の解明に欠かせないからである。

(以上，第1段落)

ヒトゲノム解読で得られた遺伝地図により，疾病と遺伝子機能との関係を知る研究が進み，現状では，がんや老化，アルツハイマー病に関する遺伝子が発見されている。ヒトゲノムと生命機能との関係が解明できると，生命の理解だけでなく，テーラーメイド医療・遺伝子診断・ゲノム創薬・再生医療などで病気の予防や克服に応用できるようになる。

(以上，第2段落)

今後も，研究の進展は望まれるので，それを推進する環境整備が求められる。日本では先端医療開発特区など，研究しやすい環境づくりを行っている。その一方で，研究で用いるヒトの遺伝子情報が何らかの原因で流出する恐れがあり，遺伝子差別などが起こる可能性も否定できない。遺伝子は個人情報であり，DNAの解析がプライバシーに触れる恐れがある。したがって，一定の規制やガイドラインなどの制定など，研究過程で発生する問題を回避する取り組みも欠かせない。

(以上，第3段落)

解説 第1段落：意見の提示…遺伝子の機能を解明するには，ヒトゲノム解析が必要であることを明示している。

第2段落：理由説明…ヒトゲノムと生命機能の関係が解明できると，さまざまな分野での応用ができることを説明している。

第3段落：意見の再提示…ヒトゲノムに関連した研究を推進するだけでなく，遺伝子情報の管理など，研究過程で発生する問題を回避する取り組みも必要であることを述べている。

クローン人間

出題頻度 → 医看★

定義

クローン人間とは，元となる人と同じ遺伝情報をもつ別の人のことである。ヒトは有性生殖をするが，クローン人間はクローン技術を用いて無性生殖で作ることができる。クローン技術は同じ遺伝子をもつ生物を誕生させることである。

具体的には，核を取り除いた卵子に，体細胞から得た他人の DNA が入った核を入れて育て，ヒトクローン胚を作製する。それを子宮に移植し，あとは通常の妊娠と同じ経過を経て出産させる。このように，体細胞を用いて作られるクローンを体細胞クローンと呼ぶ。また，受精後発生初期の細胞を用いて作られる受精卵クローンもある。

問題点

クローン技術は比較的新しい技術であり，多くの問題点が指摘されている。おもなものは，

① 倫理面の問題
② 安全性の問題
③ 遺伝情報の問題
④ ビジネスとしての問題

などである。

①の倫理面の問題は，クローン技術の最も大きな問題である。生き物は有性生殖で生み出され，尊い命を有している。しかし，クローン技術では実験や医療のためだけにテクノロジーによって生命を誕生させることになり，これは命の軽視につながりかねないという問題がある。特にクローン人間の場合は，その人の人権の問題もはらむことになる。

②は，食料や臓器移植に用いるためにクローン技術を用いる際の安全性が保障されていないということである。ほぼすべてのクローン体には何ら

かの欠陥があることが報告されている。代表的なものとしては寿命が短いということである。また，臓器移植についてもリスクがある。人間の臓器移植のために，クローン技術を用いて人間の臓器をもったブタを作るが，この場合，移植を受ける人のDNAを用いて臓器を作らせるため，理論上は移植しても拒絶反応は起きないとされている。しかし，ブタが保有する未知の細菌が，人間の体内に入り別の病気をもたらすことが懸念されている。

③は，クローン技術で用いられる遺伝情報が，**個人情報の中でもかなり重要なプライバシーであるともいえる点**である。ヒトゲノム計画により，人間の遺伝子配列はすべて解析され，病気になりやすい遺伝子を早急に発見し予防する技術が見出されている。しかし，そうした個人の遺伝情報が外に漏れることで，不利益を被ることも予想される。ちなみに，クローンであってもすべての組織が同じ特徴をもつとは限らない。血管の配置構造や指紋などは後天的な影響によるものと考えられているからである。たとえ遺伝子が同一であっても個体まで同一になるということはないのである。

④は，クローンペットなどのように，**クローン技術がビジネスに用いられている点**である。クローン技術が発達しているのは中国である。その中国で，寿命が残りわずかとなったペットの遺伝子を用いて，若い状態のクローンペットが作られている。その市場規模は拡大しつつあるが，倫理面，安全面，法律面などクリアされていない問題が数多く残されている。

問題点の背景

クローン技術の問題は数多くあるが，特に大きな問題はクローン人間の問題である。クローン人間の作製が問題となる背景には，**倫理的な面**が大きく影響している。具体的には，

① 有性生殖によってのみ子孫を残すことを常としてきたこれまでの価値観が覆ること

② クローン作製時に廃棄される未受精卵のほかにも，流産・死産した胎児の取り扱いや人権問題

③ 優秀な人間のクローンを作製しようという**優生思想**(優良な遺伝形質だ

160

け残そうという考え方)の台頭に対する危惧

④ 生まれてきたクローン人間の使用権が作製者や遺伝子所有者に委ねられることによる**クローン人間自体の人権問題**

など，懸念される事項は数多くある。

対応策・解決策

　人工多能性幹細胞(iPS)の発見をはじめとした再生医療の進歩が目覚ましいいま，技術的にも倫理的にも多くの問題点を抱えているクローン人間作製の利点は，この先もないと考えてよいのではないか。そのため，今後はクローン人間作製を規制することが必要となる。

　現状においても，世界各国では**クローン人間の作製を禁止する動き**が大勢を占めている。日本では2000年に「ヒトに関するクローン技術等の規制に関する法律」が成立し，クローン人間の作製は禁止されている。クローン人間のもとになるのはヒトクローン胚である。これを胎内に移植してクローン人間を作製することを禁止している。ヒトクローン胚を作製すること自体は，届け出をすることで可能となっている。しかし，海外ではヒトクローン胚の作製も禁止している国もある。

　また，特に規制がないクローン動物について，すでにクローンペットのようなビジネスが展開している国もある。目先の利益のために不確定要素の多いクローン技術を用いることは，将来どのような影響を及ぼすか予測ができず極めて危険である。今後はクローン技術の利用は生物学実験や検査など，その技術の進展によって人類に利益をもたらす事項に限るなどの措置が必要であるだろう。

👍 小論文にする時のポイント

　入試では主として，クローン人間やクローン動物の作製に関連する出題が予想される。クローン人間やクローン動物というと，顔かたちが同じ人間や動物ができたかのように誤解する人もいるだろうが，そうではない点をまず理解すべきである。遺伝子は同一であるが，後天的な影響を受けて形成される部分もあるため，

何から何までが同一の人間が作製できるわけではない。したがって，「同じ顔かたちの人間が複数いると，社会で混乱が生じる」といった指摘は的外れである。また，技術的問題と倫理的問題が数多くある一方で，クローン人間の作製を推進する合理的根拠を挙げることは難しいゆえ，賛成する立場で論じるのは困難と考えられる。山積する問題をきちんと踏まえ，人類の利益のためにどうすればよいかという大きな視点からとらえることが望ましい。

過去の入試問題例

例 遺伝子研究に関する課題英文で述べられている技術を用いるとクローン人間を作ることも可能だといわれている。クローン人間を作ることの是非に関するあなたの意見を述べよ。 (筑波大・医学群・医学類)

例 クローンという言葉について，動物の具体例を挙げながら説明せよ。
(群馬大・医学部・保健学科)

関連キーワード

☑クローン

同じ遺伝情報をもった個体のことをいう。分子クローン（生体分子を複製した分子のクローン），遺伝子クローン（DNA クローニングで得られた遺伝子のクローン），細胞クローン（細胞培養によって得られた細胞のクローン），生物クローン（クローン胚によって作られた生物のクローン）などの種類がある。なお，クローン人間は生物クローンにあたる。

☑植物クローン

無性生殖は原則としてクローンを作っていることになる。古くから挿し木などのクローン技術が農業や園芸の分野では利用されてきた。また，竹林など，茎を延ばして同一のクローンを作って仲間を増やしている植物もある。繁殖が難しいランは，茎の先端を切り取って養分を含む培地で培養する。この方法はメリクロン栽培といい，体細胞を材料としてクローンを作っていることになる。

☑ 動物クローン

クローン技術で人為的にクローン動物を作製する方法には，受精卵クローン法と体細胞クローン法がある。

受精卵クローン法では，母体より取り出した受精卵をバラバラにし，それらを培養して一定段階まで成長させて子宮に戻す。あるいは，受精卵の各細胞と，あらかじめ核を取り除いた未受精卵とを融合させ，これを培養して一定段階まで成長させて子宮に戻す。

体細胞クローン法では，核を除いた未受精卵と体細胞を用いてクローン個体を作る。体細胞クローンは1970年に初めてイギリスでカエルが作製されたが，その後1997年に哺乳類では初めて，イギリスでヒツジ（名前はドリー）が作製された。その後もウシ，マウス，ブタ，イヌ，サルなどで体細胞クローンが次々と作製されている。

☑ クローン食品

クローン食品とは，ある個体に固有の性質をクローン技術を使って複製して作った食品のことである。クローン技術によれば，同一個体の生産が可能と考えられているため，農業の効率化を実現するうえで期待されている。

一方で，クローン技術の問題点や限界，あるいは技術が成熟していないことによる予期せぬ危険性などが懸念される。

☑ ヒトに関するクローン技術等の規制に関する法律

ヒトに関するクローン技術等の規制に関する法律とは，2000年に公布された日本の法律である。特定胚を定義してその取り扱いを適正に行うように定めるとともに，罰則をもってクローン人間の作製を禁止している。

☑ 組み換え DNA 技術

遺伝子を細胞に導入して発現させる技術のことをいう。酵素を用いて，遺伝子である DNA の断片と，細胞内で複製される DNA 分子（＝ベクター；運搬体）とを結合させた組み換え DNA 分子を作製し，これを細胞内に入れて遺伝子を導入し，複製・発現させるのである。この技術により，ある特定の遺伝子 DNA だけを分離して，調べることができる。また，細菌などに有用物質を大量に生産させたり，作物や家畜の新品種を作り出したりする時などにも応用が可能になる。

☑ タンパク質工学

タンパク質の構造の一部を人為的に変化させ，タンパク質を性質の異なるものに改変したり，新しい性質のタンパク質に作り替えたりする技術のこと

をいう。この研究により、天然には存在しない耐熱タンパク質などが得られるようになった。

　タンパク質は、筋肉や骨、内臓など生物の重要な構成成分であり、体の機能を調整するホルモンや食べ物の消化・吸収に不可欠な酵素などの生命維持に必要な物質のもとになっている。したがって、タンパク質を自由に設計・創出・大量生産することは、これからの生物医学の発展において重要な役割を担うと考えられている。

答案例

問題 クローン人間作製の是非について、あなたの考えを述べよ。 **600字以内**

模範回答 クローン人間は元となる人と同じ遺伝情報を持つ。人は有性生殖で誕生するが、クローン人間はクローン技術を用いて無性生殖で作られる。私はこうしたクローン人間には反対である。 (以上、第1段落)

　まず、技術的な問題が指摘されている。例えば、ほぼすべての動物のクローン体には何らかの欠陥があることが報告されている。また、遺伝子が同一であっても、後天的な影響を受ける組織があるため、個体がまったく同一にならない。 (以上、第2段落)

　一方、クローン人間作製には数多い倫理的な問題がある。有性生殖によって子孫を残すことを常としてきた人間の価値観が覆ること、クローン作製時に廃棄される未受精卵や流産・死産した胎児の取り扱いや人権問題、優秀な人間のクローンだけを作製しようという優生思想に対する危惧、生まれてきたクローン人間の使用権が作製者や遺伝子所有者に委ねられることによるクローン人間自体の人権問題など、懸念されることは数多い。 (以上、第3段落)

　人工多能性幹細胞の発見などの再生医療の進展と、倫理的問題の多さや作製に関する懸念を考えると、クローン人間作製の利点はもはやない。今後はクローン人間作製を規制する方向に向かうべきと考える。そして、クローン技術の利用は生物学実験や検査など、人類に利益をもたらす方面に限るべきであろう。 (以上、第4段落)

解説　第1段落：意見の提示…クローン人間作製に反対であると，自らの意見を明示している。

第2段落：理由説明①…反対する理由を技術的側面から説明している。

第3段落：理由説明②…反対する理由を倫理的側面から説明している。

第4段落：意見の再提示…クローン人間作製に反対の立場から，クローン技術利用の制限と規制の必要性を述べている。

4
科学技術

5 社会保障・福祉

　社会的に弱い立場にある人々を社会全体で守る仕組みのことを社会福祉という。社会的弱者となり得る対象は患者・高齢者・障害者など，幅広い。この分野に関連する事項は，日本の少子高齢化や未曾有の災害など，社会や時代の変化に伴い，大きく変化しつつある。ここでは，医歯薬系／看護・医療系学部の入試おいて頻出の6テーマを厳選して紹介する。

取り扱うテーマ

❯ 公的医療保険制度

❯ 公的年金制度

❯ 高齢者介護

❯ 障害者福祉制度

❯ ノーマライゼーション

❯ ボランティア

公的医療保険制度

出題頻度 → 医 ★ ★　歯 薬 看 リハ ★

定義

　公的医療保険制度とは，国民（加入者・被保険者）に対して医療費の一部を給付する公的な仕組みのことをいう。それに関して昨今，政府は公的医療保険制度の改変を進めている。具体的には，高齢者の負担増（自己負担額の引き上げ，入院中の食費・光熱費の自己負担など），後期高齢者医療制度（p.171参照）の創設，診療報酬の引き下げ，医療費抑制（入院日数の短縮，生活習慣病予防など）などで，それによって社会保障にかかる費用の確保や削減を目指している。

問題点

　近年，国全体の医療費が増加傾向にある。特に，高齢者の医療費は現役世代と比べて約5倍も高いこと（p.171参照）が指摘されている。それに関連して，高齢者が増加するのに伴い，医療費の増大が激しくなってきている。その結果，健康保険料の収入が追いつかず，各健康保険の赤字額が増加しているだけでなく，国の社会保障関係にかかる負担も大きくなっていて，質の高い医療や保健医療サービスを提供し続けることが困難な状況になりつつある。その改善のために，医療制度の再構築が行われているのであるが，医療費を抑制することによって，療養病棟数の削減による入院機会の減少，診療報酬の引き下げによる医療の質の低下や医師不足（p.54参照）と診療科の閉鎖などの影響のほか，国民への費用負担の増加に伴う受診回避など，社会福祉レベルが低下することが懸念されている。

問題点の背景

　高齢化の進展と経済基調の変化によって引き起こされる医療保険財政の悪化が背景にある。日本では医療の進歩および栄養状態の改善によって高齢化が著しく進んでいる一方で，慢性疾患を抱える多くの高齢者にかかる

医療費(老人医療費)が増加せざるを得ない状況にあって，今後も国全体の医療費が増加することが予想されている。ところが，厳しい経済状態ということもあって，国民所得は伸び悩んでいる。健康保険料は所得に応じて決まるため，国民所得が落ち込めば加入者からの保険料収入も伸びない。こうして，健康保険組合や国家財政に大きな負担がかかる状況となっているのである。

対応策・解決策

　高齢者人口の増加を背景とした医療費の増大については対策を行う必要がある。医療費は年々増加していて，現在の仕組みのままでは公的医療保険制度を支えることが難しくなってきているのが現状である。しかし，医療費の財源を確保するために患者の自己負担額や保険料，あるいは税を過度に増やすと，医療が必要な患者までもが受診を控えるなど，国民の健康保持に悪影響を及ぼす恐れがあるほか，医療行為に関わる経済活動を萎縮させる可能性もある。

　一方，診療報酬点数の削減，混合診療(p.172参照)や包括払い制度(p.172参照)への移行といった医療機関側への対応策も考えられているが，それによって医療の質が低下するといった問題も起こりかねない。そのほか，後発医薬品(ジェネリック医薬品)の利用促進や，高齢者への疾病予防対策を取ることで医療費を抑制するといった取り組みも考えられる。

　いずれにしろ，こうした取り組みを総合的，かつバランスよく行うことが必要となるだろう。

👆 小論文にする時のポイント ────────────────●

　入試では，健康保険制度の変更や診療報酬の改定など，健康保険制度の問題点についての指摘を求められることが多い。しかし，医療費や診療報酬を上げる(下げる)といった主張を安易に展開するのは好ましくない。問題の根源が従来の健康保険制度の疲弊にあることや老人医療費の増加が見込まれることなどを念頭に置きつつ，どのようにすれば健康保険制度を維持できるのかを建設的に考えたい。

その際特に，財源確保のための医療費引き上げや診療報酬の引き下げに関しては
それぞれデメリットもあること，さらには国民の経済活動にも影響しかねないこ
とも踏まえて論じる必要がある。

過去の入試問題例

例 医療問題に関する英文を読み，日本の医療制度を改善していくためにはどう
したらいいか，意見を述べよ。 (秋田大・医学部・医学科)

例 医師の判断に基づく検査や治療に必要な経費を積算する制度では医療行為に
関わる費用は治療内容により異なる。これに対し，包括的診療報酬制度も導入
されている。医療の質と経済的効率を踏まえ，診療報酬制度に対する考えを論
じよ。 (北海道薬科大・薬学部)

例 医療費の観点を含め，よりよき老後を迎えるためのあなたの考えを述べよ。
(滋賀医科大・医学部・看護学科)

例 国民皆保険制度により，誰もが比較的安い費用で高水準の医療を受けること
ができている。しかし，高齢化が進んできた日本では医療費が高騰し，この保
険制度を同じ水準で維持することが徐々に困難になってきている。国民皆保険
制度を今後どうすべきか，あなたの考えを述べよ。 (富山大・薬学部)

関連キーワード

☑ 社会保障

生活していくうえで生じる問題(医療・疾病・失業・老齢・障害など)を抱える人々を，国や地方自治体が支援することをいう。国民が貧困に陥ることを予防する目的で行われる。大きくみて，公的扶助(生活保護など，貧しい人々に行う経済的援助)，社会保険(健康保険・年金など，強制加入の保険)，社会福祉(高齢者・障害者福祉など，国民を幸福な状態にするための制度)，公衆衛生(疾病・感染予防など，健康の維持や向上のための活動)の4つに分けられる。

☑ 健康保険

日本では，健康保険という公的医療保険制度を導入している。しかもこの公的医療保険制度は，国民皆保険，つまり全国民がこの制度に加入しなければならないというもので，アメリカなどを除いて先進各国でも採用されている。

健康保険の加入者（被保険者）は保険料を支払うことを条件に，医療行為が必要な時に，医療費の一部を負担するだけで受診できる制度である。

☑ 健康保険の種類

職業や所属によって加入する健康保険が異なる。

会社員などは全国健康保険協会管掌健康保険（健康保険組合をもたない企業に勤務の場合；協会けんぽ）や組合管掌健康保険（健康保険組合をもつ企業に勤務の場合；組合健保），自営業者や無職者などは国民健康保険（国保），公務員は共済組合に，船舶関係は船員保険に，自衛官などは自衛官診療証にそれぞれ加入する。

また，どのような職業・所属でも，75歳以上の高齢者と65歳以上の障害者は後期高齢者医療制度保険に加入し，それまでに加入していた健康保険からは脱退する制度になっている。

☑ 後期高齢者の医療費の特性

現役世代（15〜64歳）一人当たりの医療費は平均19.2万円であるのに対して，後期高齢者（75歳以上）のそれは4.8倍の92.2万円となっている。また，入院の際の医療費は現役世代一人当たりが5.7万円に対して，後期高齢者はその7.6倍の43.5万円になる（いずれも2017年）。

後期高齢者は老化の影響で治療が長引くほか，複数の疾患を抱えていたり，慢性疾患に罹患したりすることが原因で，現役世代より医療費が高くなる傾向にある。

☑ 後期高齢者医療制度（長寿医療制度）

2008年から始まった後期高齢者（75歳以上。一定の障害がある場合は65歳以上）を対象にした医療保険制度のことをいう。

従来の老人保健制度は，国や地方自治体の負担金と健康保険の拠出金によって賄われており，一般の健康保険との併用ができた。したがって，この制度では，医療費がかかりがちな高齢者でも少ない費用負担で診療を受けることができるという利点があったが，そのぶん現役世代の負担は大きくなる。こうした世代間の負担を公平にするために後期高齢者向けの健康保険を分離

5

社会保障・福祉

し，高齢者にも一定の保険料負担を求めることにしたのが，後期高齢者医療制度である。

この制度に関しては，高齢者への差別である，高齢者の生活が苦しくなるなどの批判もあり，所得の低い者に対しては世帯の所得水準にあわせて，保険料の軽減措置がとられている。

☑ 診療報酬制度

患者が医療機関に対して，診療の対価として支払う仕組みをいう。保険診療の場合は，患者は医療費の一定割合を医療機関に支払い，残りは健康保険で支払われる。診療報酬は点数（1点10円換算）で定められていて，厚生労働省が告示する診療報酬点数表にしたがって計算される。

診療報酬は2年に1回改定されることになっているが，近年，社会保障費を抑制するためマイナス改定が続いている。診療報酬の低下は，医療機関の経営悪化に伴う勤務医の労働条件の低下や医師不足など，いわゆる医療崩壊の一因にもなることから，医師への診療報酬は引き上げ，その分薬価を大きく引き下げて，全体としてマイナスになるように改定がなされている。

☑ 医療費の支払い制度

医療費の支払い方には，出来高払い（診療した際の医療行為それぞれの点数を合計して支払う制度）と包括払い（診断された病名など毎に支払金額が決まる定額支払制度。DPC包括請求とか診断群分類請求ともいう）がある。

このうち出来高払いは，施した医療行為に対して支払いをするという方法であるが，医療行為の数が多くなるほど報酬も増えるため，意識的に回復を延ばすこともあるといった問題を抱えている。これに対して包括払いでは，医療行為の多寡によらず定額となるが，医療報酬から実際にかかる医療費（経費）を差し引くことにより利益を確保するという仕組みのため，医療機関側は出来るだけ回復を早めるよう試みるようになる。そのことで早期の回復への期待がもて，かつ回復が長引くことによる余分な費用の発生が回避されるなど，患者にとっても利益があるといわれている。

☑ 混合診療

保険診療の範囲内の診療（保険診療）と保険外の診療（自費診療）を同時に受け，保険診療が可能なものは健康保険を利用し，範囲外の診療については自費診療として全額自己負担で費用を払うことをいう。つまり，保険による診療と自費による診療を混合して行うことをいうが，厚生労働省はこれを禁止

している。

　患者が希望して保険外の高度医療などを受ける場合には，保険診療の分もすべて自己負担になる。日本では，保険による診療を受ける時に，同時に自費診療代として別途費用を徴収することが禁じられているからである。ただし，差額ベッド代や高度先進医療費などの例外もある。

答案例

問題 医療制度の問題点について，あなたの考えを述べよ。**600字以内**

模範回答 近年，国民全体の医療費が増加傾向にあり，質の高い医療や保険医療を提供することが困難な状況となっている。その改善に向けて医療制度の再構築が行われているが，医療費を抑制し過ぎると，病棟数の減少による入院機会の減少や診療報酬の引き下げによる医療の質の低下・医師不足・診療科の閉鎖，国民への費用負担増による受診回避など，社会福祉レベルの低下が懸念されている。

(以上，第1段落)

　こうした問題が起こる背景には，高齢化の進展と経済基調の変化による医療保険財政の悪化がある。日本では医療の進歩および栄養状態の改善によって高齢化が進んでおり，慢性疾患を多く抱える傾向にある高齢者にかかる医療費が増加し，今後も国の医療費が増加することが予想されている。一方，厳しい経済状態と相まって，国民所得も伸び悩んでいる。健康保険料は所得に応じて決まるため，国民所得が落ち込めば保険加入者からの保険料収入も伸び悩む。こうして，健康保険組合や国家財政に大きな負担がかかる状況となっている。(以上，第2段落)

　今後も予想される老人医療費の増加と，それに伴う医療費増大への対策を行う必要がある。それには，経済活動を萎縮させない程度に患者負担を増やす一方で，診療報酬の引き下げ，混合診療や包括払い制度の採用など医療機関側への対応も考えられる。こうした取り組みを総合的にバランスよく行うことが必要となる。

(以上，第3段落)

解説　第1段落：意見の提示…医療費の増加に伴う医療制度の変更により，福祉レベルが低下することを問題点として指摘している。

第2段落：理由説明…こうした状況になっている背景を，高齢化と日本の経済状態をもとにして説明している。

第3段落：意見の再提示…患者負担の見直しのほかに，医療機関側への対応も含めて，それらをバランスよく行う必要があるとまとめている。

公的年金制度

出題頻度 → 医 リハ ★

定義

公的年金制度とは，基本的には，

(1) 老齢になった場合(老齢年金)

(2) 病気やけがで障害を有することとなった場合(障害年金)

(3) 年金受給者または被保険者(加入者)が死亡した場合(遺族年金)

に，その該当者に対して定期的に一定額を給付する公的な仕組みのことである。

日本では国民年金(すべての国民に給付。基礎年金という)と，被用者年金(基礎年金に上乗せして給付。厚生年金という)と，企業年金(厚生年金基金など)を併用する，いわゆる三階建て給付の仕組みを採用している。

なお，被用者年金を受給するためには，厚生年金の適用を受けている事業所に勤めていること，あるいは公務員や私立学校職員などの共済組合に加入していることが条件となっている。

問題点

公的年金は老後の生活を支えるための資金としての役割を担っているゆえ，安定的に年金支給が行えるような制度でなければならない。

日本の年金制度は従来から賦課方式(p.178参照)を採用しているが，2004年に法改正が行われた結果，まず，保険料の水準を2017年まで段階的に引き上げた後に固定することと定め，その保険料と積立金で給付を行う仕組み(保険料水準固定方式)に変更した。一方で，年金の被保険者(加入者)の減少や平均寿命の延び，さらには社会の経済状況などを考慮して支払いの水準を下げることができる仕組み(マクロ経済スライド)をとることになった。つまり，保険料を一定水準まで上げつつ，給付額は現状維持もしくは減額することもあるという仕組みとなった。

少子高齢化の影響が背景にある。少子化に伴って現役世代の人口が減少傾向にある一方で，医療技術の進歩などによる長寿化により高齢者の人口が増加している。現役世代の人口減は保険料収入の減少につながる一方で，長寿化が給付総額を増大させ，必然的に年金の財源不足を引き起こす。対策として，給付額を一定に保つためには保険料の増額が考えられるが，過度に行うと現役世代の負担が過重になるとともに，**不公平感が増す**(高齢者が現役の時の負担額と，現役世代の負担額の間の不均衡)ことが問題視される。現に，現役世代の不公平感は保険料納付率の低下を引き起こしており，年金財源をさらに圧迫する要因にもなっている。この現状を踏まえて，財源と給付のバランスを保つための制度変更が必要になったのである。

対応策・解決策

年金制度を維持するためには財源の確保が欠かせないが，その方法についてはさまざまな意見がある。例えば，基礎年金を保険料ではなく国税(国庫負担金)でまかなうべきだという主張(社会保険方式から税方式への転換；p.177参照)がある。一方で，納付率の向上や国庫負担の引き上げ，さらには積立方式への移行などによってでも現状の制度を維持するべきだ(社会保険方式の維持)という主張もある。また，受給開始年齢についても議論がある。現在，60歳から70歳の間で選ぶことができるが，さらに75歳まで拡大することも検討されている。

2012年には「社会保障と税の一体改革」関連法案が成立し，消費税を増税し，その増収分の一部を年金などの社会保障の充実にあてることとした。

どのような方法によるにしろ，今後さらに進むであろう少子高齢化への対策は避けて通れない課題であることはいうまでもない。

👉 小論文にする時のポイント ━━━━━━━━━

入試では年金問題をストレートに問うものは少なく，今後の高齢化対策を問う

時の一つの論点として扱われることが多いといえる。その時の注意点としては，まず，少子・高齢化の現状から考えると，現在の制度のままでは今後立ちゆかなくなる恐れがあることを念頭に置く必要がある。したがって，「対策を講じる必要はない」という主張はもちろんのこと，安易に「高齢者を支えるために給付額は据え置きにすべき」といった展開にするのは好ましくない。現状維持であれ，改革的な手段を講じるのであれ，制度の変更もしくは抜本的な改革は避けられないところまで来ているという認識で論じておきたい。

📝 過去の入試問題例

例 内閣府調査によると高齢者のほぼ3人に1人が生活不安を抱えている。背景にあると思われる現代社会の問題について考えを述べよ。
　キーワード：少子高齢化，社会保険，経済の低迷，老後への不安，年金，
　　　　　　　医療，介護　　　　　　　　　　　　　（筑波技術大・保健科学部）

例 次のキーワードの中から3つ以上を選び，関連づけて思うところを書け。
　キーワード：医療福祉サービス，マネジメント，少子・高齢社会，医療制度，
　　　　　　　介護保険，非営利性，低経済成長，効率性，財源不足，年金制度
　　　　　　　　　　　　　　　　（川崎医療福祉大・医療福祉マネジメント学部）

🔑 関連キーワード

☑ 社会保険方式と税方式

　社会保険方式とは加入者から保険料を徴収し，それをおもな財源にして年金制度を運営する方法のことである。この制度での問題点は，保険料を納付しない者（年金未納者）が発生することによる財源確保の難しさや，保険料や受給額に世代間あるいは世代内で格差が発生することが多いことである。

　一方，税方式とは国民から徴収する税をもとに運営する方法のことをいう。社会保険方式とは異なり，納付する人と給付を受ける人との関係が曖昧になる。また，社会保険方式から税方式に変更すると，今まできちんと保険料を納付してきた人と，納付してこなかった人との間で不公平が生じるという点も問題になる。

☑ 年金制度（社会保険方式による）

　社会保険方式による年金制度としては，積立方式と賦課方式がある。

　このうち積立方式は，各人から徴収して積み立てた保険料を，老後に取り崩す方式である。利点は，自分で支払った保険料と同額（もしくは利子分が増えることもある）の給付が受けられることである。問題点としては，保険料を長期間預けていた（積み立てていた）場合，景気変動による貨幣価値の下落が起こりうるということである（インフレ耐性がない）。したがって，積立方式を行う場合は，物価上昇率を見ながら適宜保険料率を修正するなど，インフレリスクを減らす必要がある。

　一方，賦課方式は，現役世代から徴収した保険料と国庫負担金をおもな原資にして，受給者に年金を分配する方式である。その年に現役世代から徴収した保険料と国庫負担金をそのまま年金として分配する（世代間扶養）ため，貨幣価値の変動を受けることがないという利点がある（インフレ耐性がある）。しかし，現役世代の人口と年金受給者数とのバランスを欠くと，少ない現役世代で多くの受給者に年金を支給しなければならないといった事態も起こる。したがって賦課方式を行う場合には，人口分布に応じて税金投入や積立方式の部分的導入などの措置を行う必要が

ある。

☑ インフレーション（インフレ）

　市場に流通する通貨の量が増えることによって貨幣価値が下がり，物価が上昇しやすい局面のことをいう。

　例えば，景気がよく国民所得が増えると，購買意欲が増して市場で物やサービスを購入する機会も増加する。すると，国民の所得の多さを知っている企業側は，より多くの利益を得ようと，物やサービスの価格を上げる。このようにしてより多くの収益を得た企業は，その利益を従業員に分配したり，設備投資にあてたりして，さらなる収益の増大を目指すといったことが続き，インフレはますます進む。

　仮にインフレ前とインフレ後の年金給付額が同じだった場合，現況では物価が上がっているため，インフレ後の給付額の貨幣価値は相対的に下がらざるを得ず，年金生活者にとっては困った事態になる。

☑ マクロ経済スライド

　賃金や物価の変化に応じて変化する年金支給額を調整する仕組みのことをいう。今後，平均余命の延びや現役人口減少により，年金給付費と保険料収入のバランスの悪化が予想されている。そのため，将来の現役世代の負担が重

くなりすぎないよう調整するために導入された。賃金や物価が上昇した場合に年金支給額の上昇幅が抑制される。

☑ 複雑な年金制度

現状では，国民年金(基礎年金)と被用者年金(厚生年金)と企業年金(厚生年金基金など)という三階建てからなる制度を採用している。また，職業などにより加入する保険も異なり，保険料や給付額も異なる。転職によって加入する保険が複数にわたった場合，給付額の算定が難しくなり，どれくらい年金が支給されるのかがわからなくなりかねない。一方で，納付記録の管理が杜撰だったゆえ，納付した記録自体がなくなるという「消えた年金」問題までも発生した。

このように，制度自体が複雑であるがゆえに起こるさまざまな問題点が指摘されている。

☑ 年金の一元化

複雑な年金制度が原因で生じる問題に加え，年金間の不公平感，年金財政の不安などといった問題を解決するために，年金制度を一元化しようという動きが見られる。

以前の被用者年金は，厚生年金と共済年金(国家公務員共済組合，地方公務員等共済組合，私立学校教職員共済)に分かれていたが，2015年に被用者年金一元化法が成立し，共済年金は厚生年金に統一されることになった。これは，社会保障と税の一体改革の一環であり，年金制度の公平性・安定性を確保することを目的として実施された。

☑ 社会保障と税の一体改革

社会保障の充実・安定化と，そのための安定財源確保と財政健全化の同時達成を目指す改革。2012年に与野党間で合意し，消費税を段階的に10％まで引き上げ，その増税分を社会保障の充実・安定化などにあてることとした。消費税は，2014年に5％から8％に，2019年には10％(飲食料品等は8％)に引き上げられた。

答案例

問題 公的年金制度について，あなたの考えを述べよ。 600字以内

模範回答 公的年金は老後の生活資金を支給するという役割を担っているので，安定的に給付できるような制度にしなければならない。そのため日本の年金制度は，保険料を一定水準まで上げつつ，給付額は現状維持を原則とするという仕組みとなったのである。しかし，財源と給付のバランスが保てない状況になりつつあることから，制度の見直しが必要だと考える。 （以上，第1段落）

こうした主張を行う背景には少子・高齢化の影響がある。少子化に伴って現役世代の人口が減少傾向にある一方で，医療技術の進歩などによって高齢者の人口が増加している。そのため，保険料総額が減るのに対して給付総額が増えるという現象が起き，年金の財源不足を引き起こしている。給付額を一定に保つためには保険料の引き上げが考えられるが，過度に行うと現役世代の負担増とともに不公平感が増すことが問題視される。現に現役世代の不公平感は保険料納付率の低下に現れており，年金財源を圧迫する要因にもなっている。 （以上，第2段落）

年金制度の維持のためには継続して財源を確保する必要がある。納付率の増加策だけでなく，国庫負担割合の引き上げや一部税方式の採用なども検討すべきだ。また，世代間扶養のマイナス面を減らすために積立方式への移行などが考えられる。いずれにしろ，年金制度を維持するためには今後さらに進むであろう少子・高齢化への対策が不可欠だ。 （以上，第3段落）

解説 第1段落：意見の提示…公的年金の意義を評価しつつ，財源と給付のバランスが保たれていない現状に対応するために，制度を見直す必要性を述べている。

第2段落：理由説明…財源と給付のバランスが保てない原因に少子・高齢化があることを説明している。

第3段落：意見の再提示…年金制度の維持のためには少子・高齢化への対応が欠かせないことと，場合によっては現状の社会保険方式の修正も必要であることを述べている。

高齢者介護

定義

　高齢者の日常生活を支援する行為全般を指していう。身体の機能に支障がある高齢者の介助支援などを行う一方で，障害などがない高齢者の心身の自立を支えること（自立支援）も，介護の果たすべき役割であるといえる。高齢者は一人ひとり，価値観も生活スタイルも異なるため，支援を行う際にはこのことに十分配慮する必要がある。こうした意識をもった活動は，高齢者の尊厳（尊く，厳かであり，他者が侵しがたいこと）を保つことにつながるとされている。

問題点

　現状では，介護保険制度（p.183参照）による介護支援や，リハビリテーションなどによる自立支援などの形で要介護者（介護が必要な高齢者）に対する公的支援が行われている。しかしそれによって，介護者の負担が全面的に軽減されているわけではない。介護認定の評価により受けられるサービスが異なるため，必ずしも家族側が望む介護支援が受けられるとは限らないからである。施設利用費の自己負担の大きさのほか，低い介護認定に伴うサービス料の負担の大きさなどにより，介護サービスの利用を控える家庭もある。また，近年，介護施設の不足から入所を待つケースも増えてきている。

　しかしながら，在宅介護は家族に対して肉体的・精神的な負担がかかりやすく，しかも長期化することが多いので，いわゆる介護疲れや高齢者虐待（p.184参照）など，疲弊による惨状も起きている。また，老老介護や多重介護（p.184参照）など，介護そのものの存続も深刻化している。

問題点の背景

　まず，要介護者の人数が多いことに加えて，介護期間が長期化しやすい

ことが背景にある。医療・衛生・栄養・介護の水準などが向上すると，高齢化による要介護者の増加が進む一方で，介護を受ける期間が長くなるのである。介護従事者や介護施設の不足という問題も起こっている。

また，日本に従来からある介護観も背景にある。「介護は家族の責任」「家族が介護すべきだ」といった意識が根強い環境下では家族依存型の介護になりやすく，家族に対して過度な負担が生じる要因となっている。さらに少子化により，介護を担う現役世代が減少する傾向にあることから，家庭内の現役世代の介護者に大きな負担がかかる。こうした原因が重なって，家庭内の介護の負担軽減は難しくなってきている。

対応策・解決策

高齢者の尊厳を保ちながら家族の負担を軽減する介護を行うためには，介護支援の仕組みをよりよいものにする必要がある。具体的には，居住型サービス（介護サービスを提供する体制が整っている集合住居）やユニットケア（特別養護老人ホームの入所者を小グループに分けて，在宅に近い居住環境を整える）といった設備面の改善のほか，適切なケアマネジメント（p.185参照）など，介護サービス全般の充実を図るべきだ。

一方で，地域による介護予防（p.185参照）の推進やリハビリテーションの充実など，要介護者を増やさないための取り組みも行う必要がある。また，介護従事者の確保のためには，報酬をはじめとした待遇改善や介護職を目指す人への就労支援などが必要となる。

👍 小論文にする時のポイント

高齢者介護について直接的に問うものだけでなく，関連するテーマ，例えば老老介護，多重介護，介護保険制度などが出題される。要介護者の尊厳を保つことと同時に，介護における負担の軽減といった方向で意見を構築したい。また，介護問題が起こる背景には，高齢化・少子化とともに，日本人の介護観（「介護は家族の責任である」）があることも指摘しておきたい。

過去の入試問題例

例 高齢者が高齢者を介護する「老老介護」が増えている。「老老介護」における問題点と対策について考えを論じよ。　　　　　　（北海道薬科大・薬学部・薬学科）

例 介護に関する文章とデータを読み，「多重介護」について，社会や個人はどのように対応していけばよいか，意見を述べよ。　　　　　（兵庫県立大・看護学部）

例 介護サービスの費用負担について述べた文章を読み，わが国において，介護費用を軽減するためにはどうすればよいと考えるか。また負担を軽減するにあたり，どのような難しさがあると考えるか。述べよ。　　　　（兵庫医科大・医学部）

例 介護にロボットを使用する際の問題点に関する英文を読み，高齢者ケアにロボットを使用することにどのような倫理的な問題があると思うか，考えを述べよ。　　　　　　　　　　　　　　　　　　　　　　　　　（福井大・医学部）

関連キーワード

☑ 介護保険制度

　高齢者の介護を社会全体で支えるための保険制度のことをいう。この制度のポイントは，①自立支援（高齢者の介護のみならず，自立を支援する），②利用者本位（利用者の選択によってサービスが選べる），③社会保険方式（介護保険料と公費を原資として運営する）である。

　従来の高齢者福祉制度は市町村がサービス内容を決めるなど，利用者がサービスの選択をすることはできなかった。一方，介護を避けるための社会的入院などの問題が生じ，結果として医療費が増加する事態となった。こうした問題に対処するため，高齢者医療と高齢者介護を明確に区別する制度を作ることになった。

　介護保険を利用するには，介護認定審査会による審査を受ける必要がある。そのためには，調査員による心身の状況に関する調査と，かかりつけ医による意見書が必要となる。審査が終わると，要介護度（「要支援1～2」「要介護1～5」の7段階）が認定される。要介護度に応じて支給限度額が決まっており，ケアマネージャーがその額と利用者の希望をもとに支援の計画（ケアプラン）を作成し介護サービスの組み合わせを決定する。なお，費用の原

則1割は自己負担となる。

☑ 1・2・4現象

　若い世代が負担する介護の大きさを表す言葉である。つまり，1人の子供が2人の両親と4人の祖父母を支えるという意味である。高齢化の進展により，要介護者の数や寿命が延びる一方で，それを支える若い世代の減少に伴って，彼らへの介護負担は増すことになる。

☑ 高齢者虐待

　高齢者への虐待行為のことであるが，多くは介護の中で起こっている。暴力などの身体的虐待だけでなく，精神的な虐待(侮蔑，恫喝など)，ネグレクト(介護放棄)，経済的な虐待(財産の不正使用など)が含まれる。家庭内で行われると顕在化しにくく，虐待の発見が難しいので，高齢者と接触する機会の多い医療職や介護職による発見が望まれるところである。

　なお，2005年に高齢者虐待防止法が定められ，虐待の疑いがある場合は市町村へ通報することとともに，老人介護支援センターや地域包括支援センターなどと連携協力および対応を行うことなどが明記された。

☑ 社会的入院

　在宅での療養ができる状態にもかかわらず，病院で長期入院を続けている状態のことをいう。その原因として，家庭に介護者がいない，入院中に身寄りを失う，家族が患者の引き取りを拒否するといったケースがある。

　健康保険により少ない自己負担での長期療養が可能なことが，社会的入院患者の増加につながった。しかし，寝たきり状態を引き起こすなど，患者の社会復帰を妨げる原因ともいわれている。このような実情から，社会的入院患者を受け入れている療養型病床は削減されてきている。

☑ 老老介護・多重介護

　老老介護とは，高齢の人が高齢者を介護する状況のことをいう。具体的には高齢化した子供が親を介護する，高齢の妻が夫を介護するといったケースがある。

　いずれの場合も介護の長期化や介護者当人の体力の問題もあり，介護疲れやストレスの蓄積，心身の不調が生じる恐れがある。また，お互いが認知症をかかえたまま介護を行う「認認介護」の状態になっているケースもある。

　一方，多重介護とは一人の人が複数の要介護者を抱える状態のことをいう。長寿化に伴う介護期間の長期化などに

よって，義父母を含む両親のほかに介護が必要な親族など，同時期に家族の中に複数の要介護者が出る可能性も高い。そうなると，介護者は大きな負担を負わざるを得ない。

☑ ケアマネージャー
（介護支援専門員）

　介護が必要な高齢者の状態を適切に把握し，自立支援に関するサービスを計画する専門職のことをいう。要介護者本人や家族の希望を尋ね，それをもとに支援の計画（ケアプラン）を作成する。そして，サービス開始後も定期的に支援内容のチェックや評価をし，必要ならケアプランの修正を行う。この一連の作業（ケアマネジメントという）を行う人がケアマネジャー（介護支援専門員）である。

☑ 介護予防

　介護が必要な状態になることを未然に防いだり，遅らせたりすることをいう。例えば，筋力アップのためのトレーニング，読み書きやウォーキングなど

による認知症予防トレーニング，栄養改善指導，社会参加の推進，口腔ケアなどがある。「介護予防プログラム」などと称して，積極的に介護予防を実施している地方自治体もある。

☑ 成年後見制度

　認知症を患う高齢者や知的障害者，精神障害者のように，判断能力が不十分な成年者は，自分自身で財産を管理したり，各種の契約を結んだり，遺産分割の協議をしたりすることが難しい。こうした人を保護・支援するための制度のことを成年後見制度という。

　この制度には，法定後見制度と任意後見制度がある。前者は，家庭裁判所によって選ばれた援助者（成年後見人・保佐人・補助人など）が，本来なら本人が行うべき法律行為（契約など）を，本人の代理として行うことができる。一方，後者は，本人の判断能力があるうちに選ばれた代理人（任意後見人）が，本人の判断能力が落ちた時には生活・看護・財産管理などを代理で行うことができる。

答案例

問題 高齢者介護について，あなたの考えを述べよ。**600字以内**

模範回答 高齢者は一人ひとり価値観も生活スタイルも異なるゆえ，高齢者の尊厳を保つ介護が必要となる。一方で，介護者の負担が深刻化している現実がある。例えば，施設利用費の問題，在宅介護による肉体的・精神的な負担などである。また，介護疲れや高齢者虐待などの疲弊現象のほか，老老介護や多重介護なども深刻化している。 (以上，第1段落)

このような問題が生じる背景には，要介護者の増加と介護期間の長期化がある。医療・衛生・栄養・介護の水準が上がると，高齢化に伴って要介護者が増加する一方で，介護を受ける期間も延びる。また，日本に従来からある介護観も背景にある。「介護は家族の責任」といった意識が根強い環境下では家族依存型の介護になりやすく，過度な負担が生じる。さらに少子化により，介護を担う現役世代が減少する傾向の影響で，現役世代の介護者に大きな負担がかかる。こうした原因が重なって家庭内の介護の負担軽減は難しくなる。 (以上，第2段落)

高齢者の尊厳を保ちながら家族の負担を軽減する介護を行うためには，介護支援の仕組みの改善の必要がある。例えば，居住型サービスやユニットケアといった設備面のほか，適切なケアマネジメントなどサービス面の充実も図るべきだ。一方で，地域による介護予防の推進やリハビリテーションの充実などにも取り組む必要がある。 (以上，第3段落)

解説 第1段落：意見の提示…高齢者の尊厳を守る介護が必要であるが，一方では介護者の負担が深刻化している点を指摘している。
第2段落：理由説明…問題の背景には，高齢化による要介護者の人数増と介護期間の長期化が起こる一方で，少子化による介護者の減少があることを説明している。
第3段落：意見の再提示…介護者の負担を軽減するためには，設備やサービスの改善とともに介護予防の推進も必要であることを述べている。

障害者福祉制度

定義

　障害者※とは，身体・知能・精神に何らかの支障があるため，生活などの面で制限を受けている人のことをいう。こうした人々を支援する仕組みのことを障害者福祉という。

　それまでは行政側の決定によって福祉サービス(p.189参照)を決められていたが，2003年に障害者の自己選択と自己決定ができるように，支援費制度(利用者が施設や事業者を選択し，契約する制度)に変更された。さらに，2006年の障害者自立支援法によって，それまで障害種別ごとに異なっていた福祉サービスを一元化する仕組みが定められた。この時，共生社会(p.190参照)の構築を目的として，受けるサービスに応じて費用を負担する応益負担(p.190参照)になったが，2010年の法改正により，障害者の負担能力に応じた応能負担(p.190参照)へと変更された。障害者自立支援法は，2013年に障害者総合支援法に改称され，難病なども障害者の範囲に含まれるなど障害者に対する支援の拡充が図られている。

　※　障害は「害」ではないという捉え方のもと，「障がい者」「障碍者」と表記すべきだという立場もあるが，本書では日本の法令上の表記に従って「障害者」と示すことをご了承いただきたい。

問題点

　障害者福祉制度では，障害者側の視点からの支援を受けることは難しいという問題点がある。障害の区分判定(p.190参照)はすべての障害を一元化して捉える仕組みとなっており，個々の障害の違いによる細やかな判定が難しいのである。また，障害を抱える人ほど就労することが難しく収入が限られる反面，多くの福祉サービスが必要な境遇にあるという現実がある。

　このように，障害者によって異なる支援が必要だということを念頭に置

いておかないと，真に求めているサービスが適切に受けられない障害者が
生じる原因となっているという可能性がある。

問題点の背景

その背景には，健常者側から障害者福祉を捉えているという行政の立場
に問題がある。そこには，福祉サービスは多くの国民に広く提供すべきだ
という考え方が存在し，障害者に対する支援だけを特別に重視するわけに
はいかないという事情がある。また，行政側の財政状況や今後の少子・高
齢化による財政悪化の懸念もある。こうした事情をもとにした制度設計や
運営が行われるために，必ずしも障害者のニーズにあった福祉の提供がで
きないという面が出るのは否めない。言い換えれば，社会保障費の財源の
確保や分配の難しさが，障害者福祉推進の妨げの一因となっている。

対応策・解決策

2013年に施行された障害者総合支援法により，障害者が地域社会で日常
生活や社会生活を営むための支援をしていこうという方向で動きだしてい
る。今後さらに障害者本位の支援制度を築くために，障害者福祉サービス
および費用を適正に配分するための制度づくりが必要だ。具体的には，障
害の区分判定の細分化，障害者の就労支援や生活費支援など，障害者個々
のニーズや状況を的確に把握し，それに合った支援の仕組みづくりなどが
考えられる。

その一方で，障害者の自立的な活動を推進するための試みも欠かせない。
例えばノーマライゼーション（p.193参照）思想の普及や，リハビリテーショ
ン（p.96参照）施設の充実とバリアフリー（p.195参照）の推進，ボランティア
や地域住民による支援活動の基盤整備などである。

👉 小論文にする時のポイント

入試では，健常者と障害者の視点の違いや，それに伴って生じる問題点をテー
マに問うものが多い。したがって，現状の障害者福祉制度は，それらを論じるた

めの材料として取り扱うことになるだろう。

　論じるに際しては，「障害を持つことはかわいそうだから，助けてあげよう」のように，障害者を保護の対象として捉え，いわゆる上から目線で書くことは避けなければいけない。彼らの自己選択と自己決定を尊重する制度や社会を確立することが必要なのだから，差別的な視点を避け，障害者個々が主体となれる制度設計に改めるという方向で論じておくことが大切だ。

過去の入試問題例

例　健常者と障害者の共存できる社会とはどのような社会だろうか。あなたの考えを述べよ。　　　　　　　　　　　　　　　　　　（弘前大・医学部・保健学科）

例　「障害」を「障がい」と変更する動きに対する危惧を述べた文章を読み，自分の意見を述べよ。　　　　　　　　　　　　　　　　　　　（淑徳大・看護学部）

例　障害者への対応について述べた文章を読み，障害者への対応における「差別」と「個別性」に関して，あなたの考えを述べよ。その上で，障害者への対応について意見を書け。　　　　　　　　　　　　（静岡県立大短期大学部・看護学科）

関連キーワード

☑障害福祉サービス

　障害者に対する福祉サービス全般のことをいう。障害者総合支援法により，障害者福祉サービスの体系が定められているが，そのなかには自立支援給付と地域生活支援事業があり，自立支援給付には介護給付と訓練等給付がある。

　介護給付とは，自宅・ケアホーム・障害者支援施設・医療機関での介護のほか，短期入所（ショートステイ）など，障害者の介護を目的とするサービスである。訓練等給付は，自立訓練や就労支援など，障害者が自立して生活するために支援を行うものである。地域生活支援事業とは，移動支援や地域活動支援センター・福祉ホームの設立など，障害者が地域で生活できるようにするための支援を行う活動のことである。

　こうしたサービスを利用する時には，利用者一人ひとりの個別支援計画を作成することになっている。また，障害の重さによって受けられるサービスの

程度が区分されており，それによって障害者総合支援法に基づく介護給付の種類や量が決まる。

☑ 共生社会

自分だけでなく，他者と共に生きる社会のことをいう。共生社会の構成員は健常者だけでなく，障害者も含まれる。社会生活において何らかの支障が生じている人々を，そうではない人々が支援し，共存する仕組みが整っている社会が理想である。それとともに，互いのさまざまな違いを認めつつ，互いが対等な関係を築くことが必要だといわれている。

☑ 応能負担と応益負担

2006年の障害者自立支援法の施行から，福祉サービスの自己負担の方法が変更となった。従来の障害者福祉サービスに対しては応能負担（個々の収入に応じて，自らが払える範囲で費用を負担する制度）であったが，法改正によって応益負担（自分が受けた福祉サービスの費用に対して，受益者が一定の割合を負担する制度）となった。しかし，応益負担は障害者や彼らを支える家族の家計を圧迫するという指摘があり，現在では世帯ごとの収入に応じて月額の上限を設ける応能負担に改正されている。

☑ 障害の区分判定

障害者総合支援法において，福祉サービスの支給を決定するために行う障害者の心身状態の判定のことで，障害支援区分の判定という。

2006年の障害者自立支援法制定時における判定基準は，身体機能の判定に重きを置いたものであった。しかし，こうした判定基準は知的障害や精神障害の特性が反映できず，適切な福祉サービスの提供を困難にする恐れがあると指摘され，2010年の法改正により，発達障害者も含まれることになった。現行の障害者総合支援法では，身体障害者，知的障害者，精神障害者（発達障害者を含む），難病のある人を対象とし，それぞれの特性を反映できるよう調査項目が見直されている。

☑ 障害者に対する健常者の視点

健常者は障害者を「かわいそうな存在」，「助けてあげなければならない存在」など，哀れみの対象として捉える傾向にある。これらは「障害があることは不自由である」という，健常な状態からの比較によって築き上げられたものさしで障害者を捉えているからであるといえる。

しかし，障害者側は必ずしも自らのことをそのような存在として捉えていない場合もある。「障害は個性だ」「障

害があっても生活には支障がない」など，障害による不自由さはないことを指摘する人もいる。

☑障害者雇用

　企業が障害者を雇用することは，現実的には各種の困難を伴う。例えば，職種のマッチングが難しいこと（障害者ができる業務と企業側が求める能力の間に差があること），設備投資の必要が生じること（障害者を受け入れる際のコスト増），社員によるサポートの難しさ（障害者を受け入れるために人的な支援の構築が必要なこと）など，企業側は新たな負担を強いられることとなる。

　現在，障害者雇用促進法により，国・地方自治体のほか，一定規模以上の企業に対して，一定数の障害者を雇用することが義務付けられている。これを満たす企業には助成する一方で，満たさない企業からは納付金を徴収する。ただし，当該企業が基準を満たせなくとも，特例子会社（障害者のために特別な配慮をした子会社）を設立した場合，その社員を障害者雇用数に算入してもよいという規定がある。

　それ以外にも，障害者への職業訓練や職業紹介のほか，リハビリテーションなども行って，障害者の雇用に向けた取り組みも行われている。

5

社会保障・福祉

答案例

問題 障害者福祉について，あなたの意見を述べよ。 **600字以内**

模範回答 日本では，障害者福祉の制度が変わりつつある。障害者の自己選択と自己決定ができるように支援費制度になり，障害者が地域社会で日常生活や社会生活を営むための支援をしていこうという方向へと変わってきている。しかし，それでもまだ障害者の視点に沿った支援を行うことは難しい。　　（以上，第1段落）

　その理由は，障害者によって異なる支援が必要だとの認識が足りず，障害者が求めるサービスを適切に受けられていないという現状があるからである。例えば，障害支援の区分判定でも，障害の特性に応じてそれぞれ正しく判定しなければ障害に即したサービスは受けられない。また，重い障害を持つ人ほど就労が困難で収入を得ることが難しい一方で，多くの福祉サービスを受ける必要があるという現実もある。こうしたことが問題となる背景には，障害者福祉を健常者の側から捉えている行政側の立場があるのではないだろうか。また，限られた社会保障費をやりくりして制度設計や運営が行われるため，必ずしも障害者のニーズに合わせきれないということもあると思われる。　　　　　　　　　（以上，第2段落）

　障害者本位の支援制度を築くために，今後も障害者福祉サービスの充実や費用を適正に配分する制度づくりを続けることが必要だ。そのためには障害の特性に応じた区分判定の見直し，就労や生活費支援など，障害者個々のニーズや状況を的確に捉えた対応が求められる。　　　　　　　　　　　　　（以上，第3段落）

> **解説** 第1段落：意見の提示…障害者福祉制度に問題がある点を指摘している。特に，障害者側の視点に基づいた支援を行うことの困難さに言及している。
> 第2段落：理由説明…障害の区分判定に関わる問題点や，行政側が置かれている背景などを指摘し，問題の発生原因について考察している。
> 第3段落：意見の再提示…障害者個々人のニーズや状況を的確に捉え，費用の適正配分やサービスの充実を行う必要があるとまとめている。

ノーマライゼーション

出題頻度 → 医看⭐

定義

　障害者と健常者の区別なく社会生活を営むことは，普通（ノーマル）の状態であるとする考え方をいい，障害者の障害を普通に戻すことであるという解釈は誤っている。つまり，障害者をノーマルな状態にしようとするのではなく，障害者が障害をもったままであっても健常者と同様の生活が営めるように社会を変えていくことが，本来の意味である。

　1950年代，デンマークの知的障害者の家族会の施設改善運動から生まれ，スウェーデンのニィリエが広めたとされている。

必要性

　ノーマライゼーション思想に基づくさまざまな試みは，障害者が自らの生活スタイルを主体的に選択することを可能にする。つまり，自らの求めに応じて適宜支援を受けながら，生活や行動を行うことが可能になると同時に，共生社会（p.190参照）を築くことを可能にする。

　障害者を取りまくあらゆる障壁や制約を取り除く行動や施策は，障害者と健常者の間にある垣根を取り払うことにつながる。そして，障害者と健常者がともに社会参加するための一助となる。言い換えれば，あらゆる立場の人々に対して平等に人権の保障をするための土壌となるのである。

必要性の背景

　これまで障害者福祉は，いわば保護施策として行われてきたが，当事者主体の理念を欠いたものだという批判があった。例えば，大規模入所型施設へ送り込むことによって障害者を保護するという福祉サービスは，時として本人の要求を無視したり，本人の意思を尊重しているとはいえない状況を引き起こしていた。また，こうした「施設送り」は一般社会から障害者を隔離することにつながりかねず，障害者の差別や排除の意識を生むこ

5

社会保障・福祉

193

とにもつながっていた。こうした状況から，障害者のQOL（p.26参照）を保ちながら，彼らが自立した生活を営めるようにすべきだという気運が高まっていった。

対応策・解決策

ノーマライゼーションを実践するためには，法整備はもちろんのこと，障害者の自立を促すための支援も行う必要がある。

障害者総合支援法（p.187参照）により障害者が地域社会で日常生活や社会生活を営むことを目指しているが，施設のバリアフリー化（p.195参照）などといった設備や環境面の整備のみならず，職能訓練（p.196参照）と就労機会の保障といった障害者への就労支援，さらには対人援助技術（p.196参照）の向上などの支援が必要になる。ただし，自立した生活が難しく，保護が必要な重度の障害者も存在するので，こうした人々への保護施策も並行して行うことも求められている。

👍 小論文にする時のポイント

入試では，ノーマライゼーションを実現するための方法を論じさせるものが多く出題される。その時，当然のことながら，ノーマライゼーションの定義を正しく理解したうえでの論述が必要となる。

「リハビリテーションや機器による障害の回復」「障害者の障害を軽減させる方法を考える」といった障害者側が取り組む方法を語るだけではなく，「バリアフリーの推進」「福祉インフラの整備」「対人援助技術の習得」「障害者が障害をもったままでも健常者と同様の生活を営む方法を考える」など，健常者側が取り組むべき方法まで論じたい。

📝 過去の入試問題例

例 障害児療育について述べた文章を読み，「ノーマライゼーション」を実現するためにはどうすればよいか考えを述べよ。　　　　　（秋田大・医学部・医学科）

例 障がい者の旅行について述べた英文を読み，「障がい者が自由に旅行するためのバリアフリー」について，あなたの考えを述べよ。

(埼玉県立大・保健医療福祉学部)

例 グループ面接課題「ノーマライゼーションの社会を実現するために，あなたができること」で討議された内容を要約し，さらに課題に対するあなた個人の考えを述べよ。

(北海道医療大・看護福祉学部)

例 聴覚，言語あるいは視覚障害者に対する「バリアフリー」について感じていること，考えることを述べよ。 (川崎医療福祉大・医療技術学部・感覚矯正学科)

例 目の不自由な若者が，イギリスで障害のない人と同じ扱いを受けた喜びについて述べた文章を読み，あなたの考える理想的なノーマライゼーションの社会について答えよ。

(金沢大・医学保健学域)

🔎 関連キーワード

☑ バリアフリー

障害者や高齢者などの社会的弱者と呼ばれる人たちが，できるだけ不自由なく社会生活に参加できるように，物理的・社会的な障害(バリア)を取り除くことをいう。

具体的なものとしては，通路の段差を解消するためのスロープの敷設，移動補助のための手すりの設置，スペースの広いトイレや駐車スペース，点字ブロック，電子チャイム(盲導鈴)，多目的トイレ(高齢者・子ども連れ，オストメイト；人工肛門や人工膀胱の保有者，などに対応)，文字放送，手話通訳，音訳図書などが挙げられる。

☑ ユニバーサルデザイン

できるだけ多くの人が無理なく利用できるように工夫されたデザインのことをいう。バリアフリーとは異なり，対象を社会的弱者だけに限定していない。どのような人でも公平に使えること，使い方が簡単なこと，安全性が高いこと，必要な情報がすぐにわかることなどが配慮されている。

ノースカロライナ州立大学のメイスが提唱した。具体的なものとしては，安全性に配慮したドアやエレベータ，絵文字による案内表示(ピクトグラム)，音声認識によるコンピュータ文字入力や操作，温水洗浄便座など，多方面に

及んでいる。

☑ 職能訓練

障害者が職業に就くために行う訓練のことをいう。一般的に、リハビリテーションを施し、ある程度の生活訓練がすんだ後に行われる。

主として、準備訓練と職業訓練（技能講習）とがある。前者は模擬的な職場を再現し、作業を進めるのに必要な力や作業態度、労働習慣などを身につけるための訓練である。後者は、例えばコンピュータの技能習得など、特定の職種に必要な技能を習得するための訓練を指す。この訓練のあとは就労支援が行われる。

職能訓練を実施するに際しては、本人のニーズを探ることはもちろんのこと、一人ひとり異なる障害特性を十分に理解し、作業能力や就労能力を見極める必要がある。

☑ 対人援助

一般的には、他者に対して援助する行為のことであるが、社会生活を送るにあたって解決困難な課題を抱えた人に対して支援する技術を、特にケースワーク（個別援助技術）という。

対人援助を行うための姿勢として最も有名なのは、アメリカのバイスティックが提唱したバイスティックの7原則である。これは、対象者が抱える問題はすべて異なること（個別化）、対象者の思考や行動の良し悪しを支援者は評価せず（非審判的態度）、すべてを受け入れること（受容）、行動を決定するのは対象者本人であること（自己決定）など、ケースワーカー（ケースワークを行う支援者）が守るべき要点をまとめたものである。

☑ インクルーシブ教育

障害のある者とない者が共に教育を受けることで、共生社会を実現しようという考え方のことをいう。2006年に国連総会で採択された障害者の権利に関する条約で示された。日本では2012年に文部科学省が「インクルーシブ教育」の方向性を打ち出し、障害者基本法改正や障害者差別解消法制定などの必要な法整備を経て、2014年に同条約に批准した。

答案例

問題 ノーマライゼーションについて，あなたの意見を述べよ。**600字以内**

模範回答 ノーマライゼーション思想は，障害者が自らの生活スタイルを主体的に選択すること，つまり自らの求めに応じて必要な支援を受け，生活や行動を行うことを可能にする。また，障害者を取りまく障壁や制約を取り除く行動や施策は，障害者と健常者の間にある垣根を取り払うことにつながる。(以上，第1段落)

　こうした思想が起こった背景には，当事者主体の理念を欠いているという批判があった従来の保護中心の障害者福祉に対する反省がある。例えば大規模入所型施設へ送ることで障害者を保護することは，必ずしも本人の意思を尊重しているとはいえない状況を引き起こす。また，こうした「施設送り」は一般社会からの障害者隔離につながり，障害者差別や排除の意識をも生む。こうした状況を改め，障害者のQOLを保ちつつ自立した生活ができるようにする必要がある。

(以上，第2段落)

　障害者と健常者がともに社会参加するための一助となり，あらゆる立場の人々の人権を平等に保障する土壌となるノーマライゼーションは，今後の共生社会には欠かせない。ノーマライゼーションを実践するには，法整備のほか障害者の自立を促す支援も行う必要がある。施設のバリアフリー化などの環境整備のみならず，職能訓練と就労機会の保障といった障害者の就労支援や対人援助技術の向上などの支援も必要だ。

(以上，第3段落)

5
社会保障・福祉

> **解説** 第1段落：意見の提示…ノーマライゼーションは障害者の主体的な活動を促す役割を担うとともに，障害者と健常者との垣根を取り払うことにつながることを論じている。
> 第2段落：理由説明…従来の保護施策中心の障害者福祉における問題点を指摘し，当事者中心の障害者福祉の必要性を述べている。
> 第3段落：意見の再提示…共生社会構築のためにはノーマライゼーションの実践が必要であるとまとめている。その実践には法整備はもちろんのこと，自立に向けた支援も欠かせないことを述べている。

＞ ボランティア

定義

いろいろな形で奉仕活動をする人々のことを総称していう。原則的には，自発的・無償にて，社会や公共のために活動を行う人と定義されている。

災害発生時の復旧作業には数多くのボランティアが必要とされる。また，市民にとって必要不可欠でありながら，採算や財政の面から企業や行政が手掛けないサービスや高額な有償サービスについて，ボランティアがそれらを担うことによって事業を補完することが多く見られる。

なお，volunteer の原義は「義勇兵・志願兵」である。

問題点

ボランティアは，対象者へ無報酬で支援を行う存在であり，特に災害現場や社会福祉の現場においては貴重な労働力として活用されている。

その一方で，従来の定義を逸脱するボランティアの存在が見られるようになり，問題視されている。例えば，学校などで強制的にボランティアをさせられる（自発的ではない），進学・就職時に自己アピールの材料を集めるためにボランティア活動をする，「自分探し（p.200参照）のため」「他者から感謝されたいから」という動機でボランティア活動をする（社会や公共のためではない），有償ボランティア（p.200参照）などである。こうした行為は，時としてその人の意欲や問題意識が低いと捉えられがちで，批判の対象となりやすい。

問題点の背景

本来の趣旨に沿ったボランティアの確保が困難なゆえ，こうした人々に頼らざるを得ない状況がある。例えば，無償であるべきという原則を貫こうとすると，自らの生活を優先させる必要性や，交通費や食費，宿泊費の負担などにより，長期間の活動を続けることが難しくなる。また，自発的

であるべきという原則を貫こうとすると，必要な人員を十分に確保できないことがある。特に継続的な活動が必要な現場では，慢性的な人手不足に陥る場合も少なくない。

このような現状から，ボランティアに対して無償性や自主性，奉仕の精神の有無を必ずしも厳密に求める必要はないという主張もある。

対応策・解決策

確かに無償性・自発性・公共性の原則は重要な要素であるので，ボランティア活動にはこれらを理解したうえで参加すべきであろう。しかし，ボランティアの社会的需要は大きい。特に，災害復旧や市民生活に欠かせない事業に対して無償あるいは廉価で労働力を得るための一つの手段として，ボランティア活動は重要視されている。そのため，より多くのボランティアを募るにはこうした原則を逸脱した存在も認める必要があるのではないか。例えば，最低限の経費や報酬を認めること，参加の動機を不問とすること，学校などからの強制的な奉仕活動も認めることなど，ボランティアの定義をある範囲内で拡張することもやむを得ない。

👍 小論文にする時のポイント ──────────────

入試では，ボランティアの必要性や重要性を問うものだけでなく，従来の定義から逸脱した形でのボランティアの是非を問うものも出題される。

その時，「ボランティアに参加すれば感謝され，満足感や喜びを得ることができる」など，自己中心的な根拠や主張だけを挙げることは避けよう。まずは，自発性・無償性・奉仕精神の原則を意識した論述を心がけたい。

そのうえで，現状においてボランティアがなぜ求められるのか（災害復旧や市民生活に必要不可欠な活動や事業を廉価で行えるから）といった視点を持ち，どうすればボランティア活動を継続して行えるのかということも意識して，主張を展開するとよいだろう。

例 ボランティア活動とは「自発性，無償性，利他性に基づく活動」だが，「有償ボランティア」，単位と交換，進学・就職時の評価材料という「対価」を得る手段として，授業でボランティア活動をする学校もあり，ボランティア活動の「自発性，無償性」という意味は損なわれつつあると述べた文章を読み，「ボランティア活動」に対する考えを述べよ。

(群馬パース大・保健科学部・理学療法学科)

例 あなたはボランティア活動に対し報酬が支給されることについてどのように考えるか。意見を述べよ。　　　　　　　　(目白大・保健医療学部)

例 詩を読み，ボランティアを受ける側の気持ちを考え，ボランティアをする側はどうあるべきか，あなたの考えを述べよ。　　(秋田看護福祉大・看護福祉学部)

例 ボランティアで大切なのはチームの中でお互いに認め合い，感謝し合うことだと述べた文章を読み，「否定の論理」に陥らないコミュニケーションについて，具体例をあげて述べよ。　　　　　　　　　(獨協医科大・看護学部)

関連キーワード

☑自分探し

今までの自分の生き方や居場所から離れ，ボランティアや一人旅などといった行動，あるいはその中での思索を通して，自分の個性(価値観や生き方など)を改めて探ることをいう。「自分は何が好きで，何に取り組むべきか」を探るという意味合いで用いられることが多い。豊かな社会が構築されていくなか，改めて自分というものを探そうというゆとりが生まれたことが，その背景にあるといわれている。

しかしなかには，個性を探せないことに対する不安やいら立ちを覚える人，「自己の内面にはもっとさまざまな可能性があるに違いない」と自己を肥大化させる人もいる。こうしたケースでは，自己を見つけてもさらなる自己を見つけようとする連鎖に陥り，結果的にいつまでも自己が見つからないという事態に陥る。

☑有償ボランティア

対価のあるボランティア活動のこと

をいう。受け入れ先は，ボランティア活動をしてくれた人に対して報酬・生活費・食事・宿泊先などを提供する。

青年海外協力隊や国連ボランティア，国際交流基金日米センター日米草の根交流コーディネーター派遣プログラム，国境なき医師団海外派遣ボランティア，日本国際ワークキャンプセンター中長期ボランティア，日本青年奉仕協会の「青年長期ボランティア計画」（ボランティア365），地球緑化センターの「緑のふるさと協力隊」，オイスカ・インターナショナル研修センターボランティアなどがその例である。

一方では，安い報酬で労働させるための手段として，意図して有償ボランティアが用いられるケースもあり，問題視されている。また，ボランティアの定義に無償性を謳っている以上，有償ボランティアという存在そのものが定義に反するという指摘もある。

☑ プロフェッショナルボランティア

医師・法律家・教師など，さまざまな分野の専門家が，自らの技能を生かして活動をするボランティアのことをいう。

普段はプロとしてその分野で活躍している人，過去にそうした技能を生かして活躍していた人などが，余暇や退職後の時間を利用してボランティア活動として参加している場合が多い。また，有償ボランティアとして参加するケースもある。

☑ ボランティアのマッチング

奉仕活動において，作業そのものや活動する場所，あるいは組織などがボランティア本人の希望・能力・価値観とマッチングしないことがある。また，作業に必要な人数とボランティアに集まる人数とがマッチングしないこともある。こうしたミスマッチを防ぐ方法としては，例えば，NPO法人が行政など要請側との間で事前に調整を行い，その結果に基づいてボランティアを派遣するという仕組みを整えることなどが考えられる。

☑ ボランティアの適切な支援

ボランティアの活動が受け入れ側のニーズと合致しないケースもある。例えば，受け入れ側が望んでいないことまでボランティアが善意から行ってしまうことがあるが，ボランティアは常に，受け入れ側の要望がどのようなことなのかを見極める必要がある。

一方，受け入れ側がボランティアの支援に依存し続けるといったことも起こりうる。例えば，生活に困っている人への支援を行うことによって，支援に頼りきりとなり，彼らが自立して生

活することを妨げる場合がある。こう　｜　にする仕組みをボランティア活動の中
したことを防ぐには，自立できるよう　｜　に組み込むことが考えられる。

答案例

問題 ボランティアのあり方について，あなたの考え方を述べよ。**600字以内**

模範回答 ボランティアは無報酬で支援を行う立場であり，特に災害時や社会福祉の現場における貴重な労働力として活用されている。一方，「自分探しのため」「他者から感謝されたい」という動機を持つ人がいることや有償ボランティアが問題視されている。それは，従来の定義を逸脱したボランティアであることに対する批判や拒否感による。　　　　　　　　　　　　　　　　　（以上，第1段落）

　こうした問題が発生する背景には，ボランティアの確保が困難なため，こうした人々に頼らざるを得ない現実がある。例えば，無償性の原則を貫くと自らの生活を守るため，あるいは交通費などの諸経費の負担により，長期間の活動ができなくなる。また，自発性の原則を貫くと必要な人員が集まらないこともある。特に継続的に活動が必要な場合，慢性的な人手不足に陥ることも少なくない。
　　　　　　　　　　　　　　　　　　　　　　　　　　　　　（以上，第2段落）

　確かに無償性・自発性・奉仕精神は基本であり，ボランティアに参加するならこれらを理解したうえで参加すべきである。しかし，経済活動に馴染みにくいが必要不可欠な活動や事業に対して，無償・廉価で労働力を得る一つの手段としてボランティアは重視されている。より多くのボランティアを募るには，ある程度は基本原則を逸脱した形も認める必要がある。最低限の経費・報酬を支払う，参加の動機を不問とするなどは容認してもよいと思う。　　　　　（以上，第3段落）

> **解説** 第1段落：意見の提示…ボランティアの定義を逸脱する存在(有償ボランティアなど)が問題視されている点を指摘している。
> 第2段落：理由説明…定義を逸脱したボランティアが生まれる背景として，安い労働力を継続的に確保する必要があることを説明している。
> 第3段落：意見の再提示…無償性・自発性・奉仕精神の原則は重要であるが，それに固執すると社会的需要を満たせないことを指摘したうえで，ボランティアの定義を拡張することも容認されるべきだと述べている。

6 日本社会

　医歯薬系／看護・医療系入試では，専門分野に直結した内容だけでなく，日本社会の特性やそこに潜む問題点に関した出題がかなりの割合で見られる。いうまでもなく，諸君はそれらの分野の仕事を目指す受験生である以前に日本人である。一人の日本人として日本社会に興味や関心があるのかどうか，あるいは社会問題にどう向き合おうとするのかを，採点者は答案から読み取ろうとしている。

　ここでは，医歯薬系／看護・医療系学部入試において頻出の「日本社会」関連の6テーマを厳選し，紹介する。

取り扱うテーマ

> 日本人の特徴

> 日本語の乱れ

> 若者の特性

> 労働観

> 地球環境問題

> 情報化社会

日本人の特徴

出題頻度 → 医看★★ 歯薬リハ★

定義

　日本人の特徴については，これまでに多くの学者によっていわゆる「日本人論」として示されてきているが，文化人類学者の杉本良夫とロス・マオアは，さまざまな人々が論じてきた日本人論をまとめ，日本人の特徴として次のように指摘している。

　自我（p.206参照）の形成が弱く，個が確立していない。
　集団志向的（p.206参照）であり，所属する集団に献身する。
　調和を重視し，社会の安定度・団結度が高い。

問題点

　日本人の特徴を捉えることは，日本人の国民性のほか，文化や思考の特性などの理解につながる。一例として，海外メディアが報じた「東日本大震災における日本人の冷静な行動」について取り上げる。

　そこでは，大震災に遭遇しても日本人は個人的感情を抑制し，秩序を重んじた行動を取ることが驚嘆の目をもって報じられているが，そのような日本人の行動を理解するには，和辻哲郎が『風土』（p.206参照）で指摘している「日本人の忍従的態度」という捉え方が参考になる。氏によると，日本には地震や台風といった特有の現象があるゆえ，日本人はこうした自然の猛威（津波も含まれる）に対して耐え忍ぶという態度が養われてきたのだという。日本人の特徴を理解することは，このように日本人の行動原理を解明する足掛かりになるのである。

問題点の背景

　こうした日本人の特徴が生まれた一因として，基層文化（p.207参照）の中に古くから伝わる神道（p.207参照）の思想があるからだといわれている。

　神道の考え方は，自然界のあらゆるものに霊が宿り，その霊は目に見え

る世界にも影響を与えているという捉え方がもとになっているのだが，こうした自然を畏敬する態度は，時として自然の猛威に対して耐え忍ぶ行為として現れる。また，集落ごとに祖先を氏神として祭っており，集落内の者を氏子(神が守る範囲に住む人)として扱う。そして，神の庇護のもとで生活するためには共同体の一員として振る舞うことが求められるが，こうした規制は一方では異質な存在を排除するという行動を生む。その結果，集団志向や調和(秩序)という意識が生まれるとされる。

対応策・解決策

　日本人論の展開は日本人特有の思想や文化の理解に役立つ一方で，個人の特性を捉えるには不十分であるという指摘もある。また，多くの日本人論は統計学的な検討が不十分であったり，実証の面で不備があるなどとして，信憑性に欠けるという批判もある。つまり，日本人論がいう「典型的な日本人像」の多くは日本人の多様性を考慮したものではなく，個人には必ずしも当てはまらないというのである。

　こうした「日本人の特徴」を示すことは，日本に属する個人像を捉える際に先入観を与えることにもなりかねない。個人の特性を適切に捉えるためには，ステレオタイプ(p.207参照)な見解にとどまることなく，個々人の生まれ育った環境や遍歴といった要素がその人の自我の形成に大きな影響を与えることも踏まえる必要がある。

👉 小論文にする時のポイント

　入試では，日本人の特性について書かれた課題文を読ませたうえで，日本人の特徴を挙げさせたり，それらが現代の日本人にもあてはまるかどうかを検討させたりするという課題が比較的よく見られる。その時，特徴の羅列や事例検討だけに終始せず，そうした特徴が生まれた社会的背景まで踏み込んで論じられるとよいだろう。

例 日本の人間規定について述べた文章を読み,「世間」「共同体」「社会」の三つの用語を使用し,大陸社会と比較しながら,日本社会における人間規定の特徴について説明せよ。　　　　　　　　　　　　　（筑波大・医学群・看護学類）

例 遠慮の有無と日本人の人間関係について述べた文章を読み,「内と外」はあなたの生活でどのような状況があるか,述べよ。　　（新潟県立看護大・看護学部）

例 「もののあわれ」の感性について日本人がとりわけ鋭い理由を述べた文章を読み,著者の論述を踏まえ,日本人の自然観について,あなたの意見を述べよ。　　　　　　　　　　　　　　　　　　　　　　（大阪府立大・看護学部）

関連キーワード

☑ 自 我

一般的には,「私」「自分」を指す。哲学用語としては,意識・行動・意思を遂行し,感情などの心的状態を帯びさせるなど,心的な活動をさせる主体として扱われる。

自我は,たとえ体験や経験が変化しても同一性を保つ。外界や他者から「私」を区別して意識させる。一方,心理用語としては,意識や行動の主体のことを指す。

一般的に,日本人は自我の形成が弱いと評されている。その理由は,日本人はその場の状況や雰囲気を考えながら行動することが多く,個人の主義や主張を必ずしも貫かないからだといわれている。

☑ 集団志向的

一般に,日本人は個人よりも社会全体の利益を求める傾向（集団志向）が強いといわれる。つまり,社会的な調和を重視する傾向が強いので,結果的に社会全体が強く結ばれ,安定する。また,構成員同士の対立や摩擦も避けようとする。

日本人に多く見られる,曖昧な表現や妥協でことを収めたり,話し合いによる解決をよしとする態度は,こうした集団志向的な思考や行動から生まれたといわれている。

☑ 『風土』

和辻哲郎が1935年に著した文化論である。氏はこの中で,地域の気候など

の風土によって，その土地で生活する人間の思想や文化が決まると論じている。日本が属する東アジアはモンスーン型と分類され，そこに住む人々は自然の恩恵に対して受容的な態度を取る一方で，暴威に対しては忍従的態度を取ると示されている。

☑『菊と刀』

ルース・ベネディクトが1946年に刊行した日本文化論。氏は第二次世界大戦中に米国戦争情報局に入り，敵国である日本について研究した。

『菊と刀』の中では，西欧は罪の文化(倫理基準を内面に置く文化)であるのに対し，日本は恥の文化(倫理基準を世間や外部に置く文化)であると指摘した。しかしこの指摘に対しては，西洋と東洋という二元論で日本を捉えたものであり，日本の歴史が反映されていないという批判もある。

☑ 日本の基層文化

基層文化とは，民族の文化の根底にある伝承的な生活文化のことを指す。

例えば，日本には古来から複数の神々の存在(八百万の神)を認める考え方が基層文化としてあるが，このことが仏教・儒教・キリスト教などといったさまざまな宗教や思想の共存を認めるゆえんとなっている。また，宇宙に存在する一切のものに神の発現を認める捉え方は，神に収穫の無事を祈る年中行事として表れている。他には，縄文時代以降の木の文化，弥生文化以降の稲作農耕文化などもその表れである。

☑ 神　道

古くから信仰されてきた日本固有の宗教をいう。多数の神が存在することが許される宗教(多神教)の一つである。

祖先や自然を神と崇めてきた古来からの民間の信仰が理論化されて成立したといわれている。

☑ ステレオタイプ

ありふれたやり方や決まり切った型，あるいは画一的な捉え方のことをいう。つまり，考え方や表現が型にはまり過ぎていて，新鮮味がない状態のことである。印刷の時に用いられたステロ版(鉛版)がその語源といわれている。ステロ版は同じ鋳型から多数打ち出されるため，判を押したように同じであるところから名付けられたのであろう。

日本人に関するステレオタイプとしては，「集団主義的」「本音と建前」「恥の文化」「手先が器用」「道徳意識が高い」「男性は仕事中心，女性は献身的」などが挙げられる。ステレオタイプは科学的な根拠もなく用いられることが多く，それが先入観や偏見を生む原因

となっている面もある。

☑「世間」と「社会」

　「社会」とは，共存して生きるための集団のことを指すのに対して，「世間」とは時空を共有するものすべて，つまり社会だけでなく社会を形成する人々をも含む言葉である。

　歴史学者の阿部謹也は『「世間」とは何か』という著書の中で，人は，西欧では尊厳をもった個人が集まった「社会」の中で生きているが，日本では個人の意思によって作られたものではない所与(他から与えられたもの)の「世間」という枠組みに依存して生きていると指摘した。具体的な例として，日本人の「皆と合わせる」といった行動は世間に依存した結果であること，世間の中では長幼の序によって競争が排除されていること，贈与と互酬という原理があることなどを挙げている。

☑日本のガラパゴス化

　ガラパゴス(諸島)は，東太平洋にある島々のことである。この地域は大陸と隔絶されているため，固有種の生物が多く生息している。それを比喩的に用い，日本という限られた市場においては日本人が求める方向でのみ技術やサービスが進化したため，世界標準からはかけ離れた状況になっているということを指したのが「日本のガラパゴス化」という言葉である。携帯電話・デジタルテレビ放送・カーナビゲーションシステム・非接触ICカードの規格などが具体的な例として挙げられる。

　そのような状況を生む理由として，日本の規制や規格が独特であることに加え，そうした規格を日本の消費者が容認または求めているからだとしている。そのほかには，集団志向的な日本人の民族性が原因しているという指摘もある。そして，こうした状況を打開するためには，さまざまな面でのグローバル化の推進が必要だと主張する人もいる。

答案例

問題 日本人論によって「一般的な日本人像」を示すことについて，あなたの考えを述べよ。**600字以内**

模範回答 一般的な日本人像としては，「集団志向的」「恥の文化」「道徳意識が高い」などがある。こうした見方で日本人という集団を捉えることは，日本人の国民性や日本文化の特性を理解し，行動原理を解明する足掛かりになる。

（以上，第1段落）

かつて，「日本人は未曽有の災害時にも個人的感情を抑制し，秩序ある行動を取る」と海外メディアで報じられたが，こうした行動を理解するには，和辻哲郎が指摘した「日本人の忍従的態度」という捉え方が参考になる。つまり，日本には地震や台風が多いなどの特有の風土があるため，日本人はこうした暴威に耐え忍ぶという態度を取るのだと解釈できるのである。また，自然界の万物に霊が宿るという神道思想に根ざした自然を畏敬する態度は，時として自然の猛威に対しても耐え忍ぶ行為として表れる。このように，一般的な日本人像を根拠に，日本人特有の思想や文化を理解することができる。

（以上，第2段落）

一方で，個人の特性を捉えるには不十分であるという指摘もある。一般的な日本人像の多くは日本人の多様性を考慮したものではなく，必ずしもすべての個人に当てはまらないという。日本人個々の特性を適切に捉えるためには，ステレオタイプの見解だけでなく，生まれ育った環境や遍歴なども自我の形成に影響を与えることを踏まえる必要があると考える。

（以上，第3段落）

解説 第1段落：意見の提示…一般的な日本人像の例を挙げ，それらをもとにした見方は日本人の国民性や文化，行動原理の理解などにつながると述べている。

第2段落：理由説明…日本人の性向に関する海外メディアの反応を例にとり，一般的な日本人像を根拠にすることにより，日本人特有の思想や文化の理解がしやすくなることを説明している。

第3段落：意見の再提示…一般的な日本人像は日本人全体の特性を捉えるには都合がよいが，個人の特性を捉えるための考慮がなされたものではないという限界があることを指摘している。

日本語の乱れ

定義

　そもそも使用している日本語が乱れているか否かを判断するには，規範的な日本語の存在が必要であるが，それにあたるものとして，書き言葉に重きを置く標準語・共通語(p.212参照)や，文部科学省や文化庁による国語施策が用いられるのが一般的である。そして，これらの規範からはずれた言葉遣いを否定的に捉える人たちは，「日本語が乱れている」と指摘するが，中立的に捉えれば「日本語の揺れ」や「日本語の変化」などと表現できる。

問題点

　日本語の揺れや変化に対して，賛否両論の主張が展開されている。例えば「正しい日本語」を見知らぬ他人とのコミュニケーションの道具として捉えれば，相手に不快感や誤解を与えないようにするために「正しい日本語」を適切に運用することが欠かせない。すなわち，「正しい日本語」を適切に取り扱うことが他人との人間関係をつくるうえで必須条件であり，積極的に規範となる言葉を用いるべきだと主張するので，日本語の揺れに対しては否定的になる。また，なかには自らが取り扱う日本語が正しいものであると捉える人もおり，そうした人は揺れた日本語(もしくはその使用者)に対して拒否反応を示すこともある。

　一方，言葉の揺れを容認してもよいと捉える立場の人もいる。家族・友人・地域などの共同体など，言語は用いられる環境によって大きく変化する。つまり，言語は変化することが必然であり，それを「乱れ」と捉えるのは主観的な判断にすぎない。むしろ，時代に即していない規範に問題があると主張する人も存在する。

問題点の背景

　戦前，国家を挙げて標準語を整備する機運が高まったが，戦後は国による標準語政策が行われなくなった。むしろ，思想や良心の自由が保障されるようになったこともあって，国が標準語を強制的に定めることに対して否定的な立場を取る人も出現した。こうして，「正しい日本語」という概念を個々人の感覚や慣習をもとに捉えるようになった。

　また，使いやすい方向へ日々変化するという言語の特性も影響している。例えば「見れる」「着れる」などのら抜き言葉（p.212参照）や，「ケータイ」「コンビニ」などといった短縮言葉は，言葉の伝達を効率的に行おうとして，単純化や省略がなされたと捉えることもできる。

対応策・解決策

　まず，ある言葉の変化が一般化した時点で，国語施策の再検討を行い，必要なら規範を修正することが必要であろう。一方で，言葉の遣い手もその時どきでの標準語・共通語を理解したうえで，時や場合で言葉を使い分ける必要がある。

　友人同士や私的空間で揺れた日本語を用いるのは，構成員の承諾があれば問題ないだろうが，ビジネスや自分よりも上の世代の人との対話において使用するのは，適切なコミュニケーションを取るうえで支障をきたすことが多い。こうした場合には，当然のことながら標準語・共通語を用いるように心掛けるべきである。つまり，誰に対してその日本語を用いるのかという視点を常に持ちつつ，日本語の変化に対応していくことが必要だ。

👉 小論文にする時のポイント ───────────●

　入試では，日本語の乱れをおもなテーマとし，よりよい日本語にしていくための方策を問う出題が多い。まずは，「日本語が乱れている」という見方は，日本語が変化していくことを否定的に捉えた立場であることを念頭に置く必要がある。こうした捉え方には賛否両論あるだろうから，自分の立場を明確にするだけでなく，予想される反論に対しての答えまで用意しておきたいものだ。決して「日本

語は乱れているから，美しい日本語を守ろう」といったと常識的な主張で終わらないようにしたい。

過去の入試問題例

例 日本語のコミュニケーション・ルールの変化について述べた文章を読み，「言葉のルール」や「コミュニケーションのルール」が変化することについて，あなたはどのように考えるか，著者の意見をふまえて述べよ。

(秋田大・医学部・保健学科・作業療法学専攻)

例 「国語に関する世論調査」から，敬語と漢字はどちらも日本語の表現・表記に欠かせない大切な文化であり，守り育てていくべきだという国民意識が見られるが，その前提にあるのは国民の危機意識のようだ，と述べた社説を読み，日本語についてあなたはどのように考えるか述べよ。　(目白大・看護学部)

例 文章を成立させている一つ一つの単語に注意することの重要性について，似た言葉である「思う」と「考える」を例に解説した文章と図を読み，日本語がよくなるためにはどうしたらよいと思うか。考え，工夫を記せ。

(産業医科大・産業保健学部・看護学科)

関連キーワード

☑ 標準語・共通語

標準語とは，国内の公的生活において規範となる言語のことをいう。一方，共通語とは，国内で地域や階級に関係なく通用する言語のことを指す。どちらも東京近辺で使われている語が基盤となっている。両者の大きな違いは，規範性をもつか否かである。

なお，1949年に国立国語研究所が行った調査の報告書では，標準語を「何らかの方法で国として制定された規範的な言語」と定義し，日本ではいまだにそれが存在しないので共通語という言葉を用いたと示している。

☑ ら抜き言葉

「見れる」「食べれる」「寝れる」など，文法的な活用では必要な「ら」を抜いた動詞のことをいう。

上一段活用動詞（「見る」など），下

212

一段活用動詞（「食べる」など），カ行変格活用動詞（「来る」など）に可能の意味合いを添える時は，本来なら助動詞の「られる」を用いるべきところである。しかし，誤って「れる」を使用し，「ら」が脱落したように見える。

☑ 敬語の揺れ

敬語の揺れを指摘する人も多い。「入れさせていただく」など，本来であれば他者の許可を得て実施するという意味で用いるはずの「〜させていただく」を，単なる謙譲語「いたす」の代わりに用いることに否定的な見解を示す人もいる。多くの場合，本来の文法から外れた使用のしかたが議論の対象となっている。

☑ さ入れ言葉

「読まさせていただく」「休まさせていただく」など，文法的には不要な「さ」を入れて使っている表現のことをいう。

五段活用動詞（「読む」など）に使役の助動詞が接続する時は，本来「せる」を用いるべきところに「させる」を用いている。「さ」を入れることで敬語として誤用されることが多い。

☑ 若者言葉

青少年が特徴的に用い，他の世代はあまり用いない言葉のことをいう。例えば，「超○○」「マジ○○」といった強意を示すもの，「…ていうか」「なんか」といった場つなぎの言葉，「うざい」「やばい」といった俗語や侮蔑表現を起源としたもの，「一応○○」「○○とか」などといったぼかし表現などが代表例である。

若者以外の人間がこうした言葉に対して拒否感を覚える理由としては，誤用していることに対する批判，語源に対する批判，使用すると品格が問われかねないという懸念などが挙げられる。

☑ 美しい日本語

文化庁の「国語に関する世論調査（2008年実施）」によると，日本国民の多くは思いやりのある言葉や挨拶など，他人を尊重するために使われる言葉を「美しい日本語」だと捉えているという結果となった。こうした言葉を評価するのは，多くの国民が共有することによって他人を敬うことの大切さが広まり，ひいてはこうした思想が言葉の乱れを防ぐことにつながると考えるからではないか。つまり，「美しい日本語」と礼節とを結び付けようとする風潮があることが伺える。

一方，表現内容だけでなく，文字の形や響きの美しさなど，さまざまな側面から日本語の美しさを捉えるべきだと主張する人もいる。例えば，漢字・

カタカナ・ひらがなという3つの文字を巧みに使い分けた日本独特の文字文 | 化は，日本語の美しさの一つであるという指摘はその例である。

答案例

問題 日本語の乱れについて，あなたの考えを述べよ。 **600字以内**

模範回答 日本語が乱れているか否かを判断するには，規範的な日本語の存在が必要である。規範からはずれた言葉遣いを否定的に捉えた時，「日本語が乱れている」と指摘できるのであろう。私は言葉が変化することには反対しないが，言葉の使用方法までが乱れることは容認できない。「誰のために日本語を使うのか」という視点を持って，日本語の乱れに対応していくことが必要だと思う。

(以上，第1段落)

確かに，言葉の乱れを容認してもよいと考える立場の人もいる。そうした人は，言語は使いやすい方向へ変化するという特性があり，言語は変化するものだと主張する。しかし，言語を他人とのコミュニケーションの道具として捉えた場合，こうした運用の仕方では支障をきたす。相手に不快感や誤解を与えないためには，「正しい日本語」を適切に使うことが必須条件なのである。 (以上，第2段落)

今後，言語の遣い手はその時どきでの標準語や共通語を理解したうえで，使用場面に即して適宜言葉を使い分ける必要がある。友人同士や私的空間でなら，揺れた日本語を用いても皆の承諾があれば問題ないだろう。しかし，ビジネス上や自分よりも上の世代の人との対話において使用するのは，適切な関係を築くうえで支障をきたすだろう。こうした場合には標準語や共通語を用いるべきである。

(以上，第3段落)

解説 第1段落：意見の提示…日本語の乱れについて，言葉の変化自体には反対しないが，言葉の使用方法まで乱れることには異議を唱えるという主張を述べている。
第2段落：理由説明…言葉の乱れを肯定する立場に譲歩しつつ，コミュニケーションの道具としては，正しい日本語の使用が欠かせないことを示し，理由説明としている。
第3段落：意見の再提示…今後は，その時どきでの標準語や共通語を理解したうえで，時や場合に応じて言葉を使い分ける必要があると述べている。

若者の特性

定義

　若者とは，おおよそ青年期(中学生～大学生)にあたる人々のことをいう。青年期は，子供から大人になるための過渡期に位置し，精神的には未熟な面が多いので，批判的に捉えられることもある。一方で，自己に対する関心や欲求が高いといわれている。例えば，自己について深く知りたい，技術や資格を身につけたい，趣味や遊びにこだわる，自分を認めてほしいといった欲求を持つという特徴がうかがえる。

問題点

　一般的な傾向として，大人と比べて若者は限られた集団内にいる特定少数の人間と接触する機会はあるが，不特定多数あるいは他世代の人間と接触する機会が少ない。場合によっては他者との接触がほとんどないこともある。こうしたことから，他者や社会との接触に苦手意識を持つ若者も少なくない。

　また，他者からの否定や批判を恐れるなど，精神的にもろい人もいる。なかには，社会へ出ることを拒むピーターパンシンドローム(p.218参照)，モラトリアム人間(p.218参照)と呼ばれる存在になる人，さらには自己に向かう視点と相まってミーイズム(p.218参照)といった自己中心的な思考に陥る人もいる。

　こうしたステレオタイプ(p.207参照)の若者像をもとにして，若者のことを責任感や判断力に乏しく，学力や知識が不足している存在として扱うなど，問題視する大人も少なくない。

問題点の背景

　こうした若者の特徴が生じるのは，青年期が人格を形成する時期であり，一方では大人になるための準備期間(モラトリアム時代)であることが背景

にある。

　子どもは家族や仲間との間で親しい関係を築き，その関係内で自己の役割や課題，ルールなどをを認め合う（共認関係の構築）。しかし成長するにつれて，実現したいこととそれがかなわない現実との間で葛藤し，時には他者否定や自己正当化を伴ったりしながら自我（p.206参照）が芽生える（自我の芽生え）。他方，家族や仲間のなかに存在する親しい関係・役割・課題・ルールなどが，自我を抑制することもある（共認関係による自我の抑制）。こうした過程を踏まえて人格が形成され，成長・成熟していくのである。

　一方で，若者は大人としての責任や義務を猶予されることがある。いわば保護すべき存在として扱われ，かなりの自由な思考や行動ができる。この時期が人格形成の時期に重なるわけであるが，社会との接触が少ないなど何らかの原因で共認関係が十分に構築されないと，人格形成が適切に行われないことも生じる。その結果，自他を相互に認め合う経験が不足し，肯定的に自己を捉えられないといった状況も起こりうる。つまり，共認関係の構築の不十分さが若者が引き起こすいろいろな問題の原因の一つであると考えられる。

対応策・解決策

　まずはステレオタイプの若者像を払拭し，個々の若者の特性を見ることが必要だ。場合によっては，若者の人格形成を支えるなど，社会や大人による支援が重要となる。例えば，ボランティアのほか，インターンシップやワークショップ（p.219参照）などといった社会参加など，共認関係を築いて自己肯定感を育むための試みなどが考えられる。また社会や教育現場において，若者に役割や課題を与えたり，ルールの遵守を徹底させるなど，若者を社会生活の一員として認めて育むことも必要だ。

👉 小論文にする時のポイント ────────────────●

　入試では，若者にかかわる問題点を指摘させ，その背景や改善策を求める出題が多い。その時，「若者は自己中心的だ」「社会的マナーが欠如している若者が多

い」など，表面的で紋切り型の主張だけを展開するのは好ましくない。できれば，そのような状況になる背景（青年期の人格形成の過程における支障）まで踏み込んで述べるようにしたい。なお，青年期の特徴については高校の公民科の学習内容である。受験生であれば当然理解しているものとみなされるので，注意したい。

6
日本社会

過去の入試問題例

例 勉学や仕事を行うことに無気力な「アパシー」といわれる学生について述べた文章を読み，現代において，自分にふさわしい職業や生き方を見つけるための長い猶予期間や廻り道を青年に余儀なくさせる社会的，経済的，心理的等の要因について，自由に書け。　　　　　　　　　　　（東北文化学園大・医療福祉学部）

例 近年，医療専門職の臨床実習で，「いまどきの若者」と呼ばれる気質変化に伴い，指導が困難となる学生が増加している原因について述べた文章を読み，学生の立場より共感または批判を交え，意見を述べよ。

（吉備国際大・保健科学部）

例 最近の日本の若者の傾向について述べた文章を読み，本文中の「要は現代の若者は，社会の望む一定の価値に方向づけて自分を形成してゆくことを好まないのである」に対するあなたの意見や考えを述べよ。

（山口県立大・看護栄養学部・看護学科）

関連キーワード

☑ 子どもが大人になるための条件

　内閣府が2013年に実施した「民法の成年年齢に関する世論調査」において，子どもが大人になるための条件についての調査を行った。それによると，「経済的な自立」「社会での労働」「肉体的な成熟」「結婚」などの目に見える成長に対する回答率は低く，一方で「責任感」「判断力」「精神的成熟」「社会人としての学力・知識」といった精神的な成熟に対する回答率が高い傾向があることがわかった。このことから，大人と見なされる要件としては，一般に，経済的・肉体的・物理的自立よりも，精神的自立が求められている傾向がうかがえる。

217

☑ ミーイズムとエゴイズム

ミーイズム(自己中心主義)とは，自分の幸せや満足を求め，自己の興味や関心を優先して社会に関心を示さないという考えのことをいう。

一方，エゴイズム(利己主義)は，自己の利益のみを追求し，社会一般の利害を念頭に置かないという考え方のことをいう。

エゴイズムは社会を対象としたうえで自己の利益を追求するが，ミーイズムは社会的な視点を一切排除するという点で異なる。いずれも自己都合が基準であり，「社会的視野が狭い人々である」などと捉えられる。

☑ ピーターパンシンドローム（ピーターパン症候群）

いつまでも子どものままでいたいと願い，成熟することを拒否する現代男性を，精神疾患として捉えた概念のことをいう。アメリカの心理学者カイリーが名付けた。

精神的・社会的に未熟であるゆえ，社会常識やルールを無視するなど，社会生活への適応が難しい。原因としては，マザーコンプレックス，過保護，幼少期の虐待などからくるストレス，社会からの逃避願望などが挙げられているが，明確な因果関係は立証されていない。

☑ モラトリアム

社会的な責任を一時的に免除あるいは猶予されている時期のことをいう。青年期(おおよそ中学生～大学生)がその時期にあたるが，この時期に自己を発見し，社会的な成長をするとされる。

昨今ではモラトリアムが延びる傾向があり，上級学校の卒業を延期したり，フリーター(p.224参照)生活を続けたり，親元から自立することを拒んだりするケースが多く見られるようになった。モラトリアム人間とは，この猶予期間を故意に引き延ばし，大人になろうとしない人のことを指す。

☑ ゆとり世代

一般に，2002年から2010年までの「ゆとり教育」を受けた世代(1987～2004年生まれ)のことをいう。「詰め込み教育」といわれた知識量偏重型の教育への反省から，1980年度の指導要領改訂から徐々に学習内容の精選と授業時間の削減が実施された。この世代の特徴として，知識が少ない，自ら考え行動できない，コミュニケーション能力が低いなどとされる一方で，IT関連に強い，合理的思考をもっているなどといったことも挙げられている。

☑ さとり世代

明確な定義はないが，2010年前後に

若者であった世代のことをいう。世代的に「ゆとり世代」とも重なる。一般的には，物欲がない，旅行や恋愛・昇進などに興味を持たない人が多い世代とされる。バブル崩壊後の景気が悪くなった時代に育ち，インターネットを介して多くの情報をもつことから，大きな夢や希望をもたず，現実的かつ合理的に物事を判断するようになったのではないかと考えられる。

☑ デジタルネイティブ

幼い頃からインターネットやパソコンなどが身近にある環境で育った世代のことをいう。日本では，インターネットが普及した1990年代以降に生まれ育った世代が該当する。SNSなどインターネットを通じてのコミュニケーションに抵抗がない一方で，直接の対人関係が苦手であるといわれる。

☑ インターンシップ，ワークショップ

インターンシップとは，学生が在学中に，企業などにおいて自らの専攻や将来のキャリアに関連した就業体験を行うことをいう。関心のある企業や業界に対する理解を深めるとともに，労働観が養われるといった利点がある。

一方，ワークショップとは，創作活動や技術の習得を行うための会合のことであり，会合の中身に実地の作業などが含まれるのが普通である。研究集会・講習会・研修会などもその一種に含まれることがある。

6
日本社会

答案例

問題 現代の若者に関する問題点について，あなたの考えを述べよ。**600字以内**

模範回答 一般的な傾向として大人は，若者のことを自己中心的で，責任感・判断力に乏しく，学力や知識が不足している存在として扱い，問題視する。また，若者の中には他者や社会との接触に苦手意識を持ち，他者からの否定・批判を恐れるなど，精神的にもろい者もいる。　　　　　　　　　　　（以上，第1段落）

　若者にこうした特徴が生じる背景には，青年期が人格形成の時期であり，一方でモラトリアム時代であることがある。子どもは共認関係の中で自我を構築し，一方で共認関係が自我を抑制する。こうした過程を踏んで人格が形成されていく。この時期は人格形成時期に重なるが，社会との接触が少ないなど何らかの原因で共認関係が構築されないと，適切な人格形成が行われない。つまり，共認関係の構築の不十分さが，若者が引き起こす諸問題の原因の一つであると考えられる。

（以上，第2段落）

　したがって，若者の人格形成に当たっては社会や大人による支援が重要となる。例えば，ボランティア，インターンシップ，ワークショップなどといった社会参加などで共認関係を築き，自己肯定感を育む試みが考えられる。また，社会や教育現場において，若者に役割や課題を与え，ルールの遵守を徹底させるなど，若者を社会生活の一員として認めて育むことも必要だ。　　　（以上，第3段落）

解説　第1段落：意見の提示…一般的にいわれている現代の若者の問題点を概括的に述べている。
　第2段落：理由説明…そうした若者が生まれる背景を，自我の形成時期とモラトリアムという青年期の特徴をもとに説明している。
　第3段落：意見の再提示…こうした若者に対して，社会や大人が支援することの重要性を述べ，意見をまとめている。

労働観

定義

　労働観とは，労働に対する考え方や意識のことをいう。言い換えれば，人間にとって労働とは何か，なぜ働くのかといった，いわば労働の本質や意義のことである。この定義は，個々人の価値観や労働に対する捉え方によってさまざまであるが，大きく見ると，自己のためと他者のためという2つの側面に分けることができる。

必要性

　労働は自己実現(p.223参照)のために必要である。労働を通して，我々は多くのものを得ることができる。まずは，賃金や報酬といった金銭的要素である。金銭は人間が日々の生活をするためにも，さらにはより豊かな生活を実現するために必要な趣味や嗜好を満たすためにも欠かせない。また，サービスや商品を提供する労働の過程において，精神的な充足感や技能を得ることができる。そのような労働のなかで我々は工夫や努力を重ね，自らの能力を試すことのほか，時には同僚や上司，あるいは顧客からの反応を得たり，指摘を受けたりする。この行為を通して達成感や満足感を得る一方で，さまざまな技術や職能も手に入れることができ，その結果として自らが望む自己像に近づいていくのである。

必要性の背景

　労働観が自己中心的な視点で捉えられてきたのは，経済的豊かさを追い求めてきた戦後の日本社会の傾向であるといえる。戦後，経済的に厳しい環境に置かれた日本は，経済発展を望む機運が高まった。その結果，高度経済成長期(p.223参照)を経て大量生産・大量消費の社会構造を築きあげ，経済発展を遂げた。それとともに，多くの国民が経済的な豊かさを享受し，いわゆる総中流時代(p.223参照)を迎えた。そんななか，精神的な豊かさ

6
日本社会

221

を得るために自分のやりたいことができる生活を求める傾向が見られるようになった。労働についてもこの流れに沿って，自己の生活を豊かにする手段として位置づけられてきたといえよう。

対応策・解決策

　労働は豊かさを享受する手段であるという側面は理解されるものの，社会への貢献という側面は重視されない傾向がある。今後は，労働は他者のために行うものでもあるという捉え方も必要になるのではないか。

　労働には社会や他者に対して商品やサービスを提供するという役割もある以上，我々は労働を通して社会や他者に貢献し，その見返りとして金銭や喜びという報酬を得るという考え方が必要である。つまり，労働は自己実現のために必要であるとともに，社会や他者への貢献のためにも欠かせないといえるのである。もっといえば，自らの労働は自分の生活はもちろんのこと，同時に社会を豊かにするための手段であると捉える必要がある。

👉 小論文にする時のポイント

　入試では，「何のために働くのか」「働くことの意味」などの労働の本質を問うものが多く出題される。また，「労働から何が得られるのか」といった労働の作用についても問われることがある。「労働によって，達成感や満足感を得ることができる」などにとどまらず，「労働によって，他者や社会に貢献することができる」といった社会や他者をも意識した視点をもって論じておきたい。

📝 過去の入試問題例

例　労働観に関する文章を読み，人は何のために働くのか，あなたの考えを述べよ。　　　　　　　　　　　　　　　　　　　　（産業医科大・医学部・医学科）

例　フリーターやニートが増え続ける原因について述べた文章を読み，「働くことの意義」について説明せよ。次に，身近にいる働く人をイメージしながら，「仕事に就くこと」に対するあなたの考えを述べよ。（北海道医療大・看護福祉学部）

例 豊かな社会において，働くことの意味について述べた文章を読み，働くことの意味について，考えをまとめ，記せ。 　　　　　　（群馬大・医学部・保健学科）

例 働くことの意味や希望とは何かを考えることについて述べた文章を読み，「働くこと」はなぜ自分発見になるのか，あなたの考えを記述せよ。

（岡山県立大・保健福祉学部）

🔍 関連キーワード

☑ 自己実現

　自己の内面にある欲求や可能性を，社会生活において実現して生きることをいう。アメリカの心理学者マズローは「健全な人間は，人生において目標を定め，絶えず成長するものだ」と仮定し，人間の欲求を5段階の階層に分け，理論化した。自己実現はそのうち最も高度な欲求として捉えている。自己実現欲求は人間の物質的欲求が満たされた後に現れる欲求とされる。豊かな社会にあるならば，人間から自己実現欲求が生まれ，それがすべての行動の動機となりうるとしている。

☑ 高度経済成長

　第二次世界大戦後，資本主義諸国が実施した成長持続政策によって急速な経済成長を遂げた状態のことをいう。

　日本では1955年を起点として，1970年代初頭まで経済成長を遂げた。国策により技術開発や重化学工業が推進さ

れ，積極的な設備投資が行われた。企業側は外国の技術を吸収し，規模を拡大していった。こうして関連産業の生産が拡大し，設備投資をさらに行うといった循環が生まれた。

　一方，外国の技術のもと，電化製品・加工食品・石油製品の生産能力が高まり，国内の消費活動や雇用も増大した結果，さらなる設備投資と発展を促した。こうして大量生産・大量消費の経済システムが構築されていった。しかし，公害問題や環境破壊，地価・住宅価格の高騰，労働者の都市部流入による人口過密など，生活環境が悪化する事態も生んだ。

☑ 総中流時代

　日本国民の大多数が自分は中流階級だと意識した時代のことをいう。

　1970年代以降に実施された「国民生活に関する世論調査」（旧総理府，現内閣府）において，自らの生活水準を

「中の中」と回答する人が多かったことから名付けられたといわれている。しかし，1990年前半に起こったバブル崩壊に伴う景気悪化がきっかけとなり，現在では格差が拡大傾向にある。

☑ 仕事中毒（ワーカホリック）

私生活の多くの時間を労働に費やし，家庭や自身の健康を犠牲にしている状況のことをいう。原因は，日本人の規範意識にあるという指摘がある。

日本では「自分のことよりも仕事を優先するべきだ」という意識が根強くあり，休暇を取ることや家庭生活を優先することに罪悪感を覚える人が多い。その結果，仕事に傾倒するのである。この状態は，過労死を引き起こす原因として，また，女性の出産率の低下の一因として問題視されている。

☑ ワーク・ライフ・バランス

直訳すると「仕事と生活の調和」という意味。働きながら充実した私生活を営めるように，職場環境や社会環境を整備することを指す。ダイバーシティ（diversity：性別・年齢などを問わず，さまざまな人材を受け入れること）とともに論じられることが多い。

現在，次世代育成支援対策推進法の制定により，短時間勤務やフレックス勤務（始業および終業の時刻を労働者が決められる変形労働時間制の一種），さらには育児休業制度の拡充が進められている。その一方で，有給休暇の消化率の向上，男性の育児休業取得率の引き上げなども奨励している。

☑ 女性労働者の特徴

一般的に，日本女性は高校や大学を卒業後に就職するものの，結婚・出産・育児の期間は一旦仕事を離れて家事や育児に専念し，子育て終了後に再就職するというライフスタイルを取る。これは，日本社会に「男は仕事，女は家庭」といった旧来の性別役割分担観が根強く残っているからだといわれている。見方を変えれば，女性が結婚・出産後も働き続ける環境が整っていないことを意味している。

一方，子育て終了後の再就職は，パートタイムやアルバイトなどでの労働になることが多く，正規雇用社員と比べて労働条件はよくない。今後は，女性が働き続けることができる環境を整えるべく，男性の育児や家事への参加，雇用形態の改善などが求められる。

☑ フリーター（フリーランス アルバイター，フリーアルバイター）

定職をもたず，アルバイトやパートタイマーなどの正規雇用社員以外の就労形態で生計を立てる人のことをいう。

なお，厚生労働省では，「15〜34歳の男性又は未婚の女性(学生を除く)で，パート・アルバイトをして働く者又はこれを希望する者」をフリーターと定義している。

フリーターになった原因は「将来の見通しをもたずに中退・修了・退職した」「自らの技術・技能・才能で身を立てる職業を志向してフリーターになった」「正規雇用を志向しつつフリーターになった」など，多種多様である。一般的に，フリーターの年収は正規雇用社員よりも低い。そのため，フリーターの増加によって税収入が減少するなど，社会的悪影響が広がることも懸念されている。

☑ ニート neet (not in education, employment or training)

15歳から34歳の人のうち，教育や職業訓練も受けず，職業にも就かない人のことを若年無業者という。若年無業者は，いま仕事を探している求職型，就職を希望しているが実際に仕事を探していない非求職型，就職自体を希望していない非就職型に分類されるが，このうちの非求職型と非就職型に分類されている人をニートと呼ぶ。

ニートになった原因は「健康上の理由」「就職先が見つからない，決まらない」「労働の他にやりたいことが見つかった」などがある。これらの人たちのなかには，読む・書く・話す能力に苦手意識を持つ人，自信や意欲を喪失している人，社会集団での関係が築けない人，職場や学校でのいじめがきっかけでニートになった人，ひきこもっている人，精神的な不調を抱える人など，さまざまな境遇に置かれている場合が多い。また，ニートに該当しない中高年無業者の増加も問題になっている。

☑ 働き方改革

2019年4月に働き方改革に関する法律の適用が開始された。これにより，残業時間の上限が定められ，また有給休暇の取得義務も明言された。これまでは働くことに重きを置いてきた日本人の労働観に変化をもたらすことになるだろう。このほか働き方改革には正規雇用と非正規雇用の格差の是正や高齢者の雇用の促進なども盛り込まれている。働き方改革が推進される背景には，将来的に深刻な労働力不足に陥るという予想がある。そこで将来の働き手を増やすこと，出生率を上げること(長時間労働のピークは30〜40代であり，子どもを産み育てる世代である)，生産性の向上を目的として進められている。

☑ 裁量労働制

労働時間を実労働時間ではなく一定の時間とみなす制度。労働時間と成果・業績が必ずしも連動しない職種において適用される。契約で定めた時間分を労働時間とみなして賃金を払う形態で，労働者は仕事の進め方を自分で決められるというメリットがある。一方で，実労働時間がみなし労働時間よりも長くなるなどの問題も出てきている。

☑ ワークシェアリング

少ない仕事でも，できるだけ多くの労働者に分け与えることで，それぞれに賃金を確保させようとする試みのことをいう。

多くは，不況時などに従業員の解雇を防ぐための措置として用いられる。不況による失業率の上昇を抑える働きや，主婦や就労希望の高齢者に労働機会を与える機能も持っている。

☑ キャリア教育

将来を見据えて，自らの人生(キャリア)を設計する意義や方法を指導・実践する教育のことをいう。若者の資質や能力開発を通して子どもたちの発達を支援し，「生きる力」を育成する目的で行われる。

具体的には，人間関係形成能力(コミュニケーション能力の育成など)，情報活用能力(情報収集・探索能力，職業理解能力の育成など)，将来設計能力(自己の能力・興味・価値観・役割の認識と人生設計への活用)，意思決定能力(課題発見および解決能力の育成)などそれぞれの育成が行われる。

答案例

問題 人は何のために働くのかについて，意見を述べよ。**600字以内**

模範回答 労働観は個々人の価値観や労働に対する考え方によって多様であり，一義的なものではない。一般的には自己実現のために働くのだと捉えられるだろうが，私は他者のために働くものだと考える。 (以上，第1段落)

確かに労働は人間が生活するための手段であり，より豊かな生活を営むためにも金銭が必要だ。また，サービスや商品を提供する労働の過程において，達成感や満足感を得る一方で，さまざまな技術や職能も手に入れることができる。こうして，労働の場を通して自らが望む自己像に近づいていく。 (以上，第2段落)

しかしながら労働は，社会や他者に対して商品やサービスを提供する役割も担っている。労働の中で我々は工夫や努力を重ね，サービスや商品に付加価値を与える。こうして社会や他者に貢献し，その見返りに金銭や喜びという報酬を得る。むしろ，労働は社会や他者への貢献のために存在するのではないか。

(以上，第3段落)

今後は，労働は自分の生活とともに社会も豊かにすると捉える必要がある。そのためにはキャリア教育の推進が求められる。例えば，コミュニケーション能力や将来設計能力の育成などで自己の能力を高める一方で，社会の一員として労働することの意識付けなど，職業観を醸成することが考えられる。(以上，第4段落)

6
日本社会

解説 第1段落：意見の提示…労働観は人によって捉え方がさまざまであることを前提にしつつ，自分は他者のために働くという立場を取ることを明示している。

第2，3段落：理由説明…労働は自己のために行うという立場に対して理解を示しつつ，労働を通して社会や他者に貢献する役割を担うことの重要性を説明している。

第4段落：意見の再提示…今後は，労働を社会や他者へ貢献するものであると捉えるためにも，キャリア教育を推し進めることが必要であると述べている。

地球環境問題

定義

　地球にかかわる環境問題のうち，広い地域に影響を及ぼすものをいう。地球的規模の環境問題(地球温暖化，オゾン層破壊など)，国境を越えた環境問題(大気汚染，海洋・河川の水質汚染，森林破壊，砂漠化など)，今後越境する恐れのある問題(公害など)と，影響を及ぼす規模の大きさによって分類できる。

問題点

　地球にかかわる環境問題は，具体的な問題が顕在化するのに時間がかかること，被害や損害が広範囲に及ぶこと，問題発生の要因が多岐にわたることが問題である。

　例えば，地球温暖化は温室効果ガスの増加によって引き起こされるが，おもな成分である二酸化炭素は化石燃料や有機物の燃焼によって発生する。産業革命以後の経済活動の活発化に伴って蓄積した温室効果ガスが原因となって，地球の温暖化が進んだといわれている。温暖化は大気や海洋の温度上昇のみならず，生態系の変化や海水面の上昇など，影響は大規模・広範囲に及ぶ。このように直接的ではなく間接的に環境に影響を及ぼし，排出者側が自覚することがないまま進行していくことが問題となる。

問題点の背景

　地球環境悪化の背景には，大量生産・大量消費に依存した経済システムと経済のグローバル化(国家や地域などの枠組みを超えて，地球規模で自由に経済活動ができるように推し進める現象)があるといえよう。

　経済成長のためには生産設備を拡大し，より多くの製品を作る必要がある。その時，化石燃料・化学物質・資源などを大量に使用することは，有害な廃棄物を排出することにつながる。また，さらなる利益拡大のために

海外(国外)に市場を広げ，生産活動を拡大させることがあるが，場合によっては，環境の規制が緩い地域で生産活動を行うことによって公害を発生させたり(公害輸出)，途上国の限りある資源を過剰に消費したり，あるいは過大な需要を背景にした開発によって環境を破壊してしまうといったケースも見られ，広い地域での環境をさらに悪化させる要因となっている。

対応策・解決策

　対症療法とともに根本的な対策を行う必要がある。例えば，地球温暖化に伴う海面上昇に対する対症療法としては，浸水に備えて堤防を築いたり，高床式の住居にしたり，住居地域を高台に移動することが考えられる。

　しかし，こうした対策は，当然のことながら地球温暖化の進行を抑えるわけではない。やはり，温室効果ガスの排出を最小限に抑えるための対策が必要となる。具体策としては，厳しい環境基準による排出物質の規制，消費活動を控えること(リユース，リフューズなど)，資源や燃料を最小限に抑えること(ハイブリッドカー，LED の使用，再生可能エネルギーの活用など)，汚染者負担原則(polluter pays principle：PPP，環境税の徴収による環境保全活動推進など)の遵守などが考えられる。理想的には，市民や企業の意識に委ねずに国が主導して法制度や環境保全システムを構築するなど，市民の意識いかんにかかわらず環境への対策がなされているという状況を作り上げることができるとよい。

👉 小論文にする時のポイント

　入試では，特定の地球環境問題を取り上げ，その原因や社会的背景，解決策を論じさせるスタイルの出題が多い。環境への影響が顕在化するのに時間がかかることがおもな問題点であることを指摘したうえで，その背景には市場経済や国際経済の現状があることのほか，究極的には市民や企業の「やる気」に頼らず，国の政策として環境保全の仕組みを築き上げることが理想的な解決策であることを論じておきたい。

　なお，環境問題を論じるには，それぞれの具体的現象の原因や環境破壊のメカ

ニズムを正しく理解しておくことが必要になる。いい加減な知識は命取りになることもあるので，日ごろから正しい知識の吸収に努めておきたい。

過去の入試問題例

例 地球の気象の変化が人間の健康に影響を及ぼす問題について述べた英文を読み，あなたの身近なところから始められる対策にはどのようなことがあるか，考えを述べよ。 (千葉大・医学部・医学科)

例 「環境破壊」についてどのように考えるか，述べよ。 (杏林大・医学部)

例 近年生じている地球環境の劣化について，その実情をあなたはどのように捉えているか。あなたが知り得ている情報を含めて簡潔に述べよ。また，地球環境を改善するために，今後，社会はどのような取り組みをすべきか，あなたの考えを論じよ。 (聖路加看護大・看護学部)

例 持続可能な開発とは，環境保全を考慮し，将来世代の欲求も現世代の欲求も満足させる開発でなくてはならず，私達は複雑で深刻な問題に直面していると述べた英文を読み，述べられているテーマに関連する問題は多岐にわたるが，あなたは具体的にどのような問題が重要だと思うか。理由も含めて，述べよ。

(大阪大・看護学部)

関連キーワード

☑ 地球温暖化

長期的に見て地球上の温度が上昇する現象のことをいう。石油や石炭などの化石燃料の燃焼などで生じる温室効果ガスが原因となっているという説が有力視されている。

地球を取りまく温室効果ガスは，地球から反射して宇宙空間へ逃げる太陽エネルギーのうち，赤外線などの長波

長部分を吸収する性質があるので，それらが宇宙空間へ逃げられずに，結果的に熱を帯びた膜で地球がつつまれる（この状態が温室の囲いの役割と同じであるところから「温室効果」と呼ばれている）ことによって，地球全体の温度上昇につながるのである。

温室効果ガスの急激な増加による気温の上昇とともに，氷河の溶融による

海面の上昇，さらには気候の変化を引き起こすといわれ，それに伴って生態系の崩れ，異常気象の頻繁化，農林水産業への影響など，環境・社会・経済において悪影響をもたらすことが懸念されている。

1992年の地球サミットにおいて気候変動枠組条約(地球温暖化防止条約)が締結され，温室効果ガス排出量を1990年レベルに戻すことを目指すとした。また1997年には，先進国に対して排出削減の数値目標を定めた(京都議定書)。その場では，排出権取引(削減義務を超えて温室効果ガスを削減した国は，余剰分を他国に売却できる仕組み)や，クリーン開発メカニズム(先進国が途上国で行った事業による温室効果ガス削減分を，自国の削減分に含めることが許される制度)などが定められた(京都メカニズム)。さらに2015年には，すべての国に対して気候変動抑制の目標を定めた(パリ協定)。

☑ 温室効果ガス

地球はつねに太陽からのエネルギー放射(日射)を受けていて，そのうちのある部分を宇宙空間に向けて反射している。温室効果ガスとは，地球から反射する太陽エネルギーのうち，赤外線などの長波長部分を吸収する性質がある気体(ガス)の総称である。これらの

ガスで地球がおおわれると，それが温室のガラスのはたらきをするため，地球から放出される熱が内側に蓄積され，地表の温度が上昇する。これが地球温暖化と呼ばれる現象である。

最も影響がある温室効果ガスは二酸化炭素である。大気中の二酸化炭素濃度を産業革命以前のそれと比較した場合，その増加量の75%以上が人類が使用した化石燃料に起因しているといわれている。次に影響力があるのはメタンであり，こちらは自然界に広く存在する。メタンは天然ガスの採掘によって地表に放出されるほか，植物などの有機物の腐敗・発酵によっても生じる。

そのほか，大気中濃度はそれほど高くないものの，温室効果が二酸化炭素の数千倍もある人工物質にハロカーボン類があり，フロンガスなどがこれに該当する。ハロカーボン類は温室効果ガスとして直接的に作用するだけでなく，一部のハロカーボンが成層圏のオゾン層を破壊することも知られている。

☑ IPCC

Intergovernmental Panel on Climate Change の略で，気候変動に関する政府間パネルと呼ばれる。

人為によって起こされる地球温暖化の科学的・技術的・社会経済学的な見地からの評価，ならびにその判断基準

の提供を目的とした政府間機構のことで、1988年に世界気象機関(WMO)と国連環境計画(UNEP)が設立した。三つの作業部会と温室効果ガス目録に関するタスクフォースで構成されており、気候システムや気候変化の科学的根拠についての評価、気候変化が社会経済や生態系に及ぼす影響とその対応策に関する評価、温室効果ガスの排出削減など気候変化の緩和オプションについての評価を行う。

1990年の第1次評価報告書以降、5〜6年おきに評価報告書が発表されている。最新のものは2014年の第5次評価報告書で、その中では温暖化が人為起源である可能性が極めて高いとし、21世紀末には世界の平均気温が1986〜2005年と比較して0.3〜4.8℃上昇し、海面は26〜82cm上昇することが予測されている。また極端な高温や熱波、豪雨の増加などによって人々の健康や食料の安全が脅かされるリスクがあるとしている。

☑ かけがえのない地球 (Only One Earth)

1972年にスウェーデンで開催された国連人間環境会議のキャッチフレーズである。

この会議は国際会議としては初めて環境保全に関する取り組みを議題とし

て行われ、会議の成果を人間環境宣言(ストックホルム宣言)として採択した。この宣言は、人間環境の保全と向上に関して、世界の人々を啓発・指導するための共通の見解と原則を示している。なお、この宣言は国際環境法の基本文書とされ、ウィーン条約や気候変動枠組条約(次項参照)に再録されている。

☑ 気候変動枠組条約

1992年の地球サミットにおいて気候変動枠組条約(地球温暖化防止条約)が締結され、温室効果ガスの排出量を1990年レベルにまで削減することを目標とした。2019年現在で197か国が加盟している。

具体的には、締約国に共通ではあるが差異のある責任、開発途上締約国などの国別事情の勘案、速やかで有効な予防措置の実施などを原則とし、先進締約国(日本、アメリカなど40か国とEU)に対しては温室効果ガス削減に向けての施策などを義務付けた。

なお、同条約に基づいて、1995年より毎年、気候変動枠組条約締約国会議(COP)が開催されている。

☑ 京都議定書

1997年に京都で開催された第3回気候変動枠組条約締約国会議(COP3)において採択された、先進国に対して排

6
日本社会

出削減の数値目標を定めた議定書のことを京都議定書という。この時，排出権取引，クリーン開発メカニズムなどが定められた（京都メカニズム）。地球温暖化に関する世界で初めての国際協定であったが，削減義務を負うのが先進国に限られること，2012年までの短期目標であることなどの問題点があった。

☑ パリ協定

2015年に第21回気候変動枠組条約締約国会議（COP21）において採択された，気候変動抑制の枠組みを定めた国際協定。先進国，発展途上国を問わず，すべての国が参加し，産業革命前からの世界の平均気温上昇を2度未満に抑え，平均気温上昇1.5度未満を目指すことがおもな内容である。締約国は，削減目標を作成・提出・維持する義務とその削減目標を達成するための国内対策をとる義務を負う。日本の場合，2030年までに，2013年比で，温室効果ガス排出量を26％削減することを目標としている。2019年時点での批准国は187か国に及んでいるが，2019年11月にアメリカがパリ協定から脱退した。

☑ 代替エネルギー

現在主力となっている化石燃料や原子力によるエネルギーに代わるものをいう。その対象としては，従来から存在する風力・地熱・太陽熱を利用したもののほかに，近年開発された太陽光発電，バイオマス発電やバイオマス熱利用，バイオマス燃料，温度差エネルギー，燃料電池などもこれに含まれる。

代替エネルギーはいずれも，空気中の二酸化炭素量を増加させない，あるいは大気汚染物質の排出を抑えるなどの効果が確認されている。しかし，導入や運用にコストがかかるなどの問題点があり，代替エネルギーへの転換や普及のスピードは緩やかである。

☑ オゾン層の破壊

成層圏に存在するオゾン濃度が高い層（オゾン層）が破壊される現象のことをいい，破壊の原因物質はフロンガスである。フロンガスは成層圏の紫外線で分解され，その時に遊離した塩素が触媒となってオゾン濃度が減少するといわれている。その結果，北極や南極上空では，春にオゾン層の濃度が下がり穴があいたようになる現象（オゾンホール）が見られている。

オゾン層は，太陽から注がれる紫外線を遮蔽する役割を担う。紫外線はタンパク質を変性させる性質を持ち，皮膚の老化やDNAの損傷，皮膚がんのリスクの増大や目の炎症や白内障発症といった健康への影響が懸念される。

1985年にウィーン条約にてオゾン層保護のための枠組みが定められ，1987年に特定フロンおよび代替フロンの使用の禁止が求められた(モントリオール議定書)。

☑ 酸性雨

大気汚染によって生じた酸性度の強い雨が降る現象のことをいう。

化石燃料などの燃焼によって生ずる硫黄酸化物(SOx)，窒素酸化物(NOx)などが雲や雨に吸収され，それが地上に達すると酸性雨となる。これらの酸化物は空気中を漂うため，風で長距離を移動し，広範囲に影響を与える。ヨーロッパでは酸性雨によって森林破壊や湖の酸性化による魚の死滅，さらには建物や文化財の腐食などの被害が起こっている。

1979年に長距離越境大気汚染条約が締結され，硫黄酸化物の1980年度比30％削減(ヘルシンキ議定書)や，窒素酸化物の1987年時点の排出量水準での凍結(ソフィア議定書)など，具体的な防止措置が講じられている。

☑ 砂漠化

もともと植物が生育していた土地が，何らかの原因で生育に適さない土地となる現象のことをいう。

多くは養分を含む土壌が風雨や洪水によって流れ出したり，地下水の水位上昇と蒸散によって土壌の塩分濃度が上昇したりすることによって起こるとされている。その背景には，過度な森林伐採や過度な農業，焼畑農法による過度な開発など，行きすぎた農業・経済活動がある。さらに，急激な人口増加に対応するために過放牧や過耕作を行わなければならないという事情も重なり，さらなる砂漠化や干ばつ，ひいては飢餓状態を生んだ。1996年に地球砂漠化対処条約が発効し，先進国に砂漠化防止の積極的支援と資金提供が義務付けられるとともに，特に砂漠化の激しいアフリカには行動計画の策定が求められた。また，他地域でも行動計画を策定することになっている。

☑ 森林破壊

過度な森林伐採により森林が失われていく現象のことをいう。

森林が失われると，保水力が低下し，養分を含む土壌の流出や，山崩れや洪水を引き起こす原因となる。また，生態系を乱し，森林に生息する動植物に影響を与える。さらに，大気中の二酸化炭素を取り込むはたらきをしている森林が減少するため，地球温暖化の進行を速める原因となることも指摘されている。森林が失われていく背景には，木材の過剰な伐採，薪や炭の材料とし

ての過剰伐採のほか，過度な土地開発事業などがある。

☑ 海洋汚染

各種の廃棄物で海洋が汚染される現象のことをいう。多くは，産業排水や生活排水，船舶からの原油流出，廃棄物の投棄，森林伐採による土砂の流入などによって起こる。

有機物や栄養塩の蓄積により海の生態系を乱したり，生活排水による富栄養化によって赤潮や青潮が起こったり，廃棄物や土砂の流入によって海洋生物の産卵場所が減少したり，影響は多方面に及ぶ。

また，有害物質の排出は，流出時にはたとえ低濃度であっても，食物連鎖によって生物濃縮が起こり，被害はより深刻になる。1972年にロンドン条約が採択され，有機ハロゲン・水銀・カドミウム・プラスチック・放射性物質などの有害物質の投棄を禁止した。日本は1980年に批准した。

また近年，海洋を漂流したり海岸に漂着したりしている海洋ごみ（海ごみ）の問題が深刻化している。中でも，プラスチックごみが風化して細かくなったマイクロプラスチックは，生物によって分解されず半永久的に蓄積されるため，生態系への影響が懸念されている。

☑ 3R

廃棄物の排出量を減少させ，資源の有効利用を促す取り組みにおいて重要となる3つの行動を表す英語の頭文字である。

その3つの行動とは，リデュース（reduce；ごみの発生抑制），リユース（reuse；再利用），リサイクル（recycle；再資源化）で，さらなる環境負荷（資源や化石燃料の使用など）の大小を基準に，この順に必要度の順位づけをしている。

なお，2000年に循環型社会形成推進基本法において，上記3Rに加えて，サーマルリサイクル（熱回収），適正処分を下位におき，廃棄物の優先順位を定めた。さらにこれらに加えて，リフューズ（refuse；ごみになるものを拒否する）やリペア（repair；修理して使う）などを含め，4R，5Rと呼ぶ場合もある。

☑ 持続可能な社会

持続可能な開発（自然や資源利用のスピードを考慮し，管理しながら利用することによって，将来の世代にも公平になるように地球環境を維持すること）が実現している社会のことをいう。1992年にブラジルのリオ・デ・ジャネイロで開かれた国連環境開発会議で「持続可能な開発」という考え方が登

場したことに由来する。2002年の持続可能な開発に関する世界首脳会議，および2012年の国連持続可能な開発会議でその実施計画が採択されるなど，環境保護のための基本的な指針として，現在世界中で認知されている。

持続可能な社会は，想定場面や想定する人により考え方に違いが見られることがある。しかし，環境の恵みの永続的な維持，生物と人間の共栄共存を図ること，浪費を避けた新しい発展の実現，環境維持のために協力の推進を実現していくなどの点で共通している。

☑ SDGs

2015年の国連サミットで採択された2016年から2030年までの国際目標。SDGs とは「Sustainable Development Goals（持続可能な開発目標）」の略称で，2000年の国連サミットで合意された MDGs（ミレニアム開発目標）に代わる目標である。2030年までに先進国，新興国，途上国も，国，企業，NPO，個人も，あらゆる垣根を越えて協力しよりよい未来をつくることを目指す。

持続可能な世界を実現するために17のゴールと169のターゲットを定めている。17のゴールとは，「貧困をなくそう」「飢餓をゼロに」「すべての人に健康と福祉を」「質の高い教育をみんなに」「ジェンダー平等を実現しよう」「安全な水とトイレを世界中に」「エネルギーをみんなに，そしてクリーンに」「働きがいも経済成長も」「産業と技術革新の基盤をつくろう」「人や国の不平等をなくそう」「住み続けられるまちづくりを」「つくる責任，つかう責任」「気候変動に具体的な対策を」「海の豊かさを守ろう」「陸の豊かさを守ろう」「平和と公正をすべての人に」「パートナーシップで目標を達成しよう」の17個。それぞれの目標の下にさらに細かい目標が合計169個定められている。

答案例

問題 地球環境問題の改善への取り組みについて，あなたの意見を述べよ。

600字以内

模範回答 地球環境問題とは，地球的規模のものや国境を越えた原因物質の流出など，広範囲に影響を及ぼし，地球温暖化，オゾン層の破壊，海洋汚染などを引き起こすことである。これらは問題が顕在化するのに時間がかかること，被害や損害が広範囲に及ぶこと，問題発生の要因が多岐にわたることが問題となる。

(以上，第1段落)

　地球環境問題が発生する背景には，大量生産・大量消費に依存した経済システムと経済のグローバル化がある。経済成長のためには生産設備を拡大してより多くの製品を作る必要があるが，その過程で公害などを発生させやすい。また，利益拡大のために海外に市場を広げ，生産活動を拡大させる。その時，公害輸出や途上国の限りある資源の過剰使用，過大な需要に伴う開発による環境破壊なども起こしやすい。

(以上，第2段落)

　こうした問題を解決するには，対症療法とともに根本的な対策を行うべきである。特に原因物質の排出を最小限に抑える根本的対策が必要となる。厳しい環境基準で排出物質を規制したり，資源や燃料の抑制，汚染者負担の原則の遵守などが考えられる。理想的には，政府が主導して法制度や環境保全システムを構築するなど，市民や企業の意識によらずとも環境への対策がなされているという状況を作り上げることができるとよい。

(以上，第3段落)

解説 第1段落：意見の提示…地球環境問題の定義を整理したうえで，それら全般に共通する問題点を示している。
　第2段落：理由説明…地球環境問題が発生する背景には，大量生産・大量消費に依存した経済システムと，経済のグローバル化の進展があることを指摘している。
　第3段落：意見の再提示…問題解決のためには，対症療法とともに根本的な対策が必要であることを指摘し，理想的には政府主導で対策を講じることが欠かせないことを述べている。

情報化社会

出題頻度 → 看 ★ ★ ★　歯 ★ ★　医薬 リハ ★

定義

　情報が他の資源や産業と比べて高い価値をもち，主導的な地位を占めている社会のことで，脱工業化社会ともいわれる。特に1990年代から2000年代にかけて起こったコンピューター，インターネット(p.241参照)，携帯電話の普及と情報技術の発達(IT革命)以後の社会を指すことが多い。

　その年代ではコンピューターや携帯電話といった操作端末の性能や操作性が向上するとともに，ブロードバンド環境(光通信など；p.241参照)や携帯電話通信網などといったネットワークの基盤の整備や拡大が起こった。それに伴って，情報の蓄積・検索・伝達・処理・提供がしやすくなるなど，情報技術が飛躍的に進んだ。

　さらに近年，スマートフォンやタブレット端末が普及したことにより，情報化は加速している。ソーシャルメディア(p.242参照)などを用いて，情報を得るだけでなく発信することも容易になった。こうした双方向性のコミュニケーションを通して情報のやり取りができるようになった現在を「高度情報化社会」と呼ぶことがある。

問題点

　情報技術の進展に伴って，手軽に情報を取り扱える環境が整い，幅広い世代が情報の恩恵を受けることができるようになった。インターネットによる情報検索のみならず，ソーシャルメディアなどを用いて双方向通信が容易に行えるようになった。また，インターネットショッピングの普及や行政サービスのデジタル化(p.242参照)など，多方面で情報技術が活用されている。

　しかし，高度情報化に特有な問題点も多く発生している。まずは，インターネット上における他者への誹謗中傷を始めとして，クレジットカードや電話番号などの個人情報の漏えい，不正アクセス(p.243参照)，サイバー

テロ(p.243参照)，チェーンメール(p.243参照)やフェイクニュース(p.244参照)などの虚偽の情報の拡散があるが，その多くは使い手のモラルの低さに起因している。また，青少年が有害情報に接する可能性があるなどのように，情報の受け手側の状況に起因する問題もある。

問題点の背景

こうした問題発生の背景には，ネットワークを通して多量の情報を即時に，場所を選ばずに得ることができる環境が整ったこと(IT革命を発端とした環境整備)や，対面ではなく匿名で情報のやり取りができる(匿名性)といった情報化社会の特性がある。匿名であれば情報の送受信の際に他者が介入しにくく，使用者側は自己都合だけでネットワークを利用できる。そうした場合，情報リテラシー(p.244参照)や倫理観を欠いた使用者は，匿名性を悪用した問題行為を行いがちである。

対応策・解決策

今後，日本ではユビキタス社会(p.244参照)が到来し，いつでもどこでも情報に接触できる環境がさらに整うことが予想される。こうした流れを踏まえ，匿名性を悪用した問題行為に対してはより一層の防止策を講じる必要がある。そのためには，セキュリティの強化，フィルタリング(インターネット上の特定のwebページを見せないようにするための仕組み)，法整備と取り締まり，低年齢層に対する情報端末機の所持や機能の制限などといった対症療法だけでなく，倫理観やメディアリテラシーの育成に力を注ぐなど，情報教育を推進することが求められる。特に医療現場では，患者の病歴などの個人情報を保管しており，その管理には慎重でなければならない。情報の暗号化やパスワード，情報を扱える権限を明確にするなどセキュリティ強化に努める必要がある。

👉 小論文にする時のポイント

入試では，シンプルに情報化の進展についての意見を問うものが多い。その時，

恩恵面のみを述べるだけでなく，問題点も指摘する必要がある。特に，匿名性の弊害や第三者のチェック機能が働きにくい点を踏まえ，今後はどういう対策を講じるべきかというところまで論じておきたい。その際のポイントは対症療法と根本的対策となる。一般に後者の方が効果があるが，ただ「政府の介入によって違法サイトを遮断（ブロッキング）すべきだ」などのような，国が個人の自由権に触れるような対策を講じるべきだといった内容を示す場合は，慎重に吟味する必要がある。

過去の入試問題例

例 現在の「情報化・IT社会，時代」を貴方はどう考えるか。

(大阪歯科大・歯学部)

例 小学生や中学生には，携帯電話を持たせるべきではないという考え方がある。子ども達に携帯電話を持たせるべきか否か，自分の立場を明確にして，その根拠を論じよ。 (西武文理大・看護学部)

例 携帯電話の普及が私たちの生活にもたらしたもの。

(帝京平成大・現代ライフ学部)

例 ネット社会における「匿名」の問題の本質について述べた文章を読み，ネット社会における「匿名」の功罪について，あなたの考えを論述せよ。

(名古屋市立大・看護学部)

例 コンピューターと人間の競争について述べた文を読み，「コンピューターがあらわれて，これからの人間はどう変化して行くであろうか。」と筆者は述べているが，本文の主旨をふまえて，それに対するあなたの考えを述べよ。

(奈良県立医科大・医学部・看護学科)

関連キーワード

☑ インターネット

コンピュータの情報を相互にやり取りができるように，いろいろな形の回線で網の目状に結んだものをネットワークというが，複数の小さなネットワーク（LAN；Local Area Network）と，広い範囲に及ぶネットワーク（WAN；Wide Area Network）を相互に接続して作り上げた地球規模のネットワークのことをインターネットという。インターネットプロトコルという通信上の規定を定め，相互に情報の伝達を行っている。

☑ IT革命

情報技術(IT)の発展に伴った社会の急速な変化を，革命になぞらえてIT革命と呼ぶ。2000年の九州・沖縄サミットでは議題の一つとして取り上げられた。このような急速な変化が起こった背景には，1990年台のパーソナルコンピューターの普及と機能向上，インターネットの普及，そして携帯電話の浸透などにより，瞬時に情報の交換が可能となったことが挙げられる。

IT革命により，電子商取引などそれまでにない産業が起こったことによる経済活動への影響や，メールの普及によるコミュニケーションの取り方への影響など，もたらされた変化は非常に大きく，しかも多方面に及んでいる。

一方で，ITを利用した新たな犯罪が生まれたり，新しい社会格差であるデジタルデバイド(p.246参照)などの問題も同時に起こっている。

☑ 情報通信技術(ICT)

情報や通信における技術の総称である。ITと同様の言葉ともいえるが，情報技術(IT)にコミュニケーション(C)が加味されたもので，ネットワーク通信による情報の共有が念頭にある。

ITは情報技術そのものを指すことが多く，主としてインフラ整備面に着目したが，ICTは，世代や地域を超えたコンピューターの活用や人とのコミュニケーションを重視している。

☑ ブロードバンド

情報を高速で伝送できる通信回線によってつくられたコンピューターネットワークを活用したインターネットサービスのことをいう。大容量のデータの送受信を高速でやりとりすることができるため，映像や音声を用いた通信も容易にできるようになった。インターネット電話によってインターネット会議が普及したのも，ブロードバン

ド環境が整った恩恵といえる。

☑ ソーシャルメディア

インターネット上で，多くの他人と情報のやり取りを行うためのメディアのことをいう。具体的なものとしては，個人が日々更新する日記のようなwebサイト（ブログ）のほか，コミュニティ型のwebサイト（SNS：ソーシャルネットワーキングサービス），短い文章や写真などを投稿・公開するブログサービス（TwitterやInstagram），動画の共有サイト（YouTube）などがある。

自己の責任で自由に情報を発信することができ，その内容に対して返信できるなど，不特定多数の他人とコミュニケーションを取ることができる。

☑ 行政サービスのデジタル化

従来は役所の窓口での手続きが必要だった行政サービスを，コンピューターなどを利用してデジタル化することが進んでいる。具体的なものとして，住民票の発行や税の確定申告などがある。

こうした動きが進むと，行政のワンストップサービス化（複数の窓口での手続きを1回で済ませること）が可能となる。例えば引越しの際には，免許の住所変更は警察署か運転免許セン

ター，国民年金や印鑑登録の変更は市町村役場，自動車登録の変更は陸運事務所，電気やガスの移転手続きはそれぞれの会社などのように，手続きできる所が多方面にわたったが，電子化が進むとこれらが一括してできるようになる。

2015年にはいわゆるマイナンバー法により，国民一人ひとりに個人番号が付与され，行政のさまざまな分野で利用されるようになった。また，2019年にはデジタル手続法が制定されるなど，行政サービスのデジタル化へ向けての動きが進められている。

☑ インターネット犯罪

インターネット上で発生する犯罪のことをいう。インターネットは社会生活において，便利で有用なものである反面，悪用される事例もあとを絶たず，新たな社会問題となっている。

犯罪の代表的なものとして，実体のない利用料金を請求される架空請求，パソコンに不正アクセスして個人情報を抜き取る行為，他人のパソコンに不適切な働きをするプログラムを送りつけるコンピューターウイルス被害などが挙げられる。

さらに，不正アクセスによって，企業の顧客リストや機密事項などをネット上に流失させる情報漏えいも，イン

ターネットを利用した犯罪である。

☑ コンピューターウイルス

　ネットワークを介して他人のコンピューターに侵入することで被害をもたらす不正プログラムのことをいう。画面表示を変えてしまったりするものや，パソコンデータを盗み出すもの，蓄積データを破壊したりするものまで，種類は多岐にわたっている。

　侵入したウイルスは侵入先のファイルの一部を書き換えて自分自身を複写するので，多くの場合，自分のコンピューターにウイルスによって書き換えられたファイルが存在することに気づかずにデータをやり取りすることで，ほかのコンピューターにウイルスを増殖させてしまうことがさらなる問題となる。

　増え続けるウイルス被害に対処するため，2011年には刑法の一部改正がなされ，コンピューターウイルスの作成や提供に対して罰することが盛り込まれた。

☑ 不正アクセス

　コンピューターやネットワークへのアクセス権がない人が，IDやパスワードなどを不正に入手して，それらに侵入することをいう。侵入するだけの場合はハッキング，侵入後にファイルの改ざんや消去などの不正を行う場合はクラッキングと呼ぶ。

　クラッキングを常習的に行うクラッカーは，侵入後にコンピューターの破壊活動をしたり，他のコンピューターへの不正侵入を行うプログラム（ワームという）を仕込んだりして，多くのコンピューターに悪影響を与える。1999年に不正アクセス禁止法が成立し，不正アクセスは処罰対象となった。

☑ サイバーテロ

　インターネット上での大規模な破壊活動のことをいい，多くの場合は国家や社会の機能を麻痺させることを目的にして行われる。

　企業や行政のコンピューターネットワークに侵入するスパムメール（無差別かつ大量に送信するメール）や，容量が大きいファイルを添付したメールの大量送付，webサイトへの侵入，バックドア（正規のアクセス権を使わずにコンピューターシステムへ侵入できる接続経路を設けること）を用いてコンピューターを遠隔操作するなど，さまざまな手段を使って，ネットワークやコンピューターを破壊したり改ざんしたりする。

☑ チェーンメール

　不特定多数の人に対して，連鎖的に

243

配布するように求めるメールのことをいう。不特定多数の人に対して送付され，その人がまた別の多くの人に転送するということが連鎖的に起こるので，送られてきた内容がねずみ算式に広がっていく。

チェーンメールはネットワークやメールサーバに負荷をかけるだけでなく，デマが拡散するといった問題を引き起こす。

☑フェイクニュース（虚偽報道）

事実ではない，虚偽の内容の情報・報道のことで，主としてインターネット上で発信・拡散されるニュースのことをいう。近年のSNSの発達で，誰もが簡単に情報を発信できるようになり，その真偽が確認されることなく世界規模で拡散されるようになった。その結果，虚偽の情報が社会に大きな混乱を招いたり，選挙などの結果に影響を及ぼしたりといった事態を招くこともあり，社会問題となっている。

☑情報リテラシー

リテラシーとは，読み書きの能力のことをいう。したがって情報リテラシーとは，情報機器・ネットワークや，情報・データを扱ううえで必要な知識や能力のことを指すが，コンピューターリテラシー（コンピューターやソフトウェアの操作やプログラミング能力，インターネットでの情報検索の能力など）だけでなく，他者への影響を考える能力や，情報を適切に収集・判断・評価・発信することなど適切な情報の取り扱い能力も含む。

こうしたことを教育するのが情報教育であり，それを中等教育の課程で行うことを目的として，高校では2003年に情報科が設けられた。

☑ユビキタス社会

そもそもユビキタスとは，神が遍在するという意味である。そこから転じて，ユビキタス社会とはいつでも，どこでも，誰でも，意識せずに情報通信技術が利用できる社会のことを指す。パソコンや携帯電話だけでなく，電化製品・電車・自動車・クレジットカードなど，あらゆるものが接続の対象となる。

ユビキタス化が進むと，「品物を持ったままレジを通さないで店舗を出ても，クレジットカードや電子マネーで自動的に代金が決済される」「現在自分がいる場所の位置情報をもとに帰宅時間を予測し，帰宅した時には自動的に風呂炊きや炊飯ができている」などといったことが実現するようになる。

☑ 情報産業

　情報産業には、通信機器・コンピューター・半導体など、いわゆるハードウェアを生産する電子工業と、ソフトウェアの開発や販売・情報処理・情報提供サービスを行う情報処理サービス業がある。

　情報産業が進展したのは、産業構造の変化にある。1970年代から80年代にかけて、重工業に代表される重厚長大な産業から、電子工業を主とした軽薄短小の産業へと転換した。そして電子工業の発展によって、ソフトウェアの開発や情報の価値が高まり、情報産業はさらなる発展を遂げた。しかし、1990年代の景気悪化に伴って、コンピューター市場も低迷し、現在ではソフトウェア開発やソリューション（問題解決型）事業を主軸に置くIT関連企業が多くなっている。

　情報化社会の進展によって情報産業が盛んになり、多くの雇用確保につながったという利点はあるものの、国内産業が情報産業に偏り過ぎる結果、産業の空洞化を引き起こすことに対する懸念も指摘されている。

☑ メディアの変遷

　メディアとは、情報の仲立ちをするもの（媒体）のことを指す。そしてマスメディアとは、マスコミュニケーションの媒体（新聞・雑誌・テレビ・ラジオなど、不特定多数の大衆に情報を伝達する手段）のことをいう。

　過去、情報はマスメディアによる一方的な提供が主であり、メディア側が情報を意図的に取捨選択してきた。そのため、マスメディアは不特定多数に対して同じ情報を発信し、大衆に大きな影響を与えてきた。時として、政府や企業が大衆の思想を誘導したり、世論を操作する手段としてマスメディアを利用することもあった。

　しかしIT革命以後、大衆は携帯電話やパソコンを活用して、ネットワーク上に蓄積された情報を主体的に選択できるようになったり、ブログやソーシャルメディア、ホームページの開設などを通じて、自ら情報の発信者となることができるようになった。このように、双方向での情報交換ができるようになることは、マスメディアによる大衆の扇動を防ぐ手段として肯定的に捉えることもできる。反面、ネットワーク上の情報のすべてが第三者によって審査しているわけではないので、ソーシャルメディアやチェーンメールなどによってデマや誤解が急速に大衆の間に広まったり、嘘の情報に惑わされたりする恐れもある。それを防ぐためにも、自らの力で情報の信憑性を吟味する能力（メディアリテラシー）を身に付

245

けるとともに，情報を適切に用いるべきだという道徳観（情報倫理）をもとにして，情報に接する必要がある。

☑ デジタルデバイド（情報格差）

情報機器を使いこなせる人とそうでない人との間に生じる，得られる情報の量の格差のことをいう。

パソコンや携帯電話を所有していない人，それらの機器の操作に不慣れな人，インターネットや携帯電話の通信網からはずれている人など，ネットワークからの情報収集が困難な人を情報弱者と呼ぶ。こうした弱者をできるだけ少なくするため，ブロードバンド通信基盤の整備や学校における情報教育に関するカリキュラムの策定のほか，情報弱者に対して指導できる人材育成

などを行う必要がある。

☑ 個人情報の保護

高度情報化社会の進展に伴って，ますます増え続ける個人情報の利用を保護することをいう。

IT 化が進むにつれて個人情報の集積や編集が容易に行えるようになり，またインターネットを介してその情報が世界中に広がりかねない現状においては，個人情報を保護することは個人のプライバシーや利益を守るという点において非常に重要なことである。

個人情報の有効利用とその保護のために，2005年には個人情報保護法が施行され，個人情報を取り扱う事業者に対してその取り扱い方法に関する規定が設けられた。

答案例

問題 情報化社会の進展について，あなたの考えを述べよ。**600字以内**

模範回答 情報技術の進展に伴って手軽に情報を取り扱える環境が整い，幅広い世代がその恩恵を受けられるようになった。インターネットによる情報収集やソーシャルメディアなどで双方向通信が容易に行えるようになったが，高度情報化特有の問題点も多く発生している。例えばインターネット上での他者への誹謗中傷，個人情報の漏えい，不正アクセス，フェイクニュースなどがあるが，どれも使い手のモラルの低さに起因する。 (以上，第1段落)

こうした問題発生の背景には，ネットワークを通して多量の情報を即時に場所を選ばず得られる環境が整ったこと，匿名で情報のやり取りができることなどの情報化社会の特性がある。匿名では情報の送受信の際に他者が介入しにくいので，使用者側は自己都合だけでネットワークを利用できる。そうした時，情報リテラシーや倫理観を欠く人は匿名性を悪用した問題行為を行うことが多い。 (以上，第2段落)

今後，日本ではユビキタス社会が到来し，いつでもどこでも情報に接触できる環境が整うことが予想されるが，問題行為に対しては防止策を講じる必要がある。例えば，セキュリティの強化，フィルタリング，法整備と取り締まり，低年齢層に対する情報端末所持や機能の制限といった対症療法だけでなく，倫理観やメディアリテラシーの育成など，情報教育を推進することが求められる。 (以上，第3段落)

> **解説** 第1段落：意見の提示…情報化社会の進展によって，情報収集や双方向通信が容易になったという利点を示しつつ，一方で問題点もあることを指摘している。
>
> 第2段落：理由説明…問題が発生する背景には，即時性や匿名性，モラルの欠如といったことがあると指摘している。
>
> 第3段落：意見の再提示…問題解決のためには，直接的な対症療法だけではなく，情報教育などの根本療法も必要だと論じている。

さくいん

249

⑤

● 著者紹介

神﨑 史彦（かんざき　ふみひこ）

　カンザキメソッド代表。法政大学法学部法律学科卒業後，大手通信教育会社にて国語・小論文の問題作成を担当するかたわら，大学受験予備校や学習塾で指導する。東進ハイスクール・東進衛星予備校を経て，現在，リクルート・スタディサプリで講師を務めるほか，全国各地の高校・大学において小論文関連の講演や講義を行い，受講者数は10万人を超える。小論文指導のスペシャリスト。また，21世紀型教育を推進する私学の団体21世紀型教育機構(21stCEO)にてリサーチ・フェローを務める。総合型・学校推薦型選抜対策塾「カンザキジュク」を運営。多数の早慶上智 ICU・GMARCH・国公立の合格者を輩出している。

　『大学入試　小論文の完全攻略本』『大学入試　小論文の完全ネタ本改訂版(医歯薬系／看護・医療系編)』『同(社会科学系編)』『同(人文・教育系編)』『同(自然科学系編)』『志望理由書のルール(文系編)』『同(理系編)』『看護医療系の志望理由書・面接』(以上，文英堂)，『特化型小論文チャレンジノート　看護・福祉・医療編』『志望理由書・自己 PR 文完成ノート』(以上，第一学習社)，『改訂版 ゼロから１カ月で受かる大学入試面接のルールブック』『改訂版 ゼロから１カ月で受かる大学入試小論文のルールブック』『ゼロから１カ月で受かる大学入試志望理由書のルールブック』『ゼロから１カ月で受かる大学入試プレゼンテーション・グループディスカッションのルールブック』(以上，KADOKAWA)など著書多数。

[連絡先]　カンザキジュク
　https://kanzaki-juku.com
　https://kanzaki-method.com
　E-mail：info@kanzaki-method.com

□ 執筆協力　大久保智弘(カンザキメソッド)
□ 編集協力　株式会社エディット
□ デザイン　CONNECT

シグマベスト
大学入試
小論文の完全ネタ本 改訂版
[医歯薬系／看護・医療系]編

本書の内容を無断で複写（コピー）・複製・転載することを禁じます。また，私的使用であっても，第三者に依頼して電子的に複製すること（スキャンやデジタル化等）は，著作権法上，認められていません。

著　者　神﨑史彦
発行者　益井英郎
印刷所　中村印刷株式会社
発行所　**株式会社文英堂**
　〒601-8121　京都市南区上鳥羽大物町28
　〒162-0832　東京都新宿区岩戸町17
　（代表）03-3269-4231